Classiqu

Racine
Phèdre

tragédie

Édition présentée, annotée et commentée
par
PHILIPPE DROUILLARD
et
DENIS A. CANAL
ancien élève de l'École normale supérieure
agrégé des lettres

LAROUSSE

© Larousse 1990.
ISBN 2-03-871408-0
(Collection fondée par Félix Guirand et continuée par Léon Lejealle.)

Sommaire

PREMIÈRE APPROCHE

4	Une carrière fulgurante
13	La création de *Phèdre* et la cabale
17	L'intrigue
19	Les principaux personnages
24	Dieux, personnages et lieux mythologiques dans *Phèdre*

PHÈDRE

32	Préface
39	Acte premier
65	Acte II
87	Acte III
105	Acte IV
127	Acte V

DOCUMENTATION THÉMATIQUE

150	Index des thèmes principaux de *Phèdre*
153	Le premier regard : récits au passé

159	**ANNEXES**

(Analyses, critiques, bibliographie, etc.)

201	**PETIT DICTIONNAIRE POUR COMMENTER *PHÈDRE***

Une carrière fulgurante

22 décembre 1639.
Baptême à La Ferté-Milon, en Picardie, de Jean Racine, issu d'une famille de la petite bourgeoisie aux revenus modestes. La branche maternelle de cette famille est très liée à l'abbaye de Port-Royal et à la pensée janséniste qui professe une doctrine austère : l'individu ne saurait obtenir son salut sans l'intervention de Dieu qui lui accorderait (ou non) la grâce dès la naissance. Condamné par l'Église, le jansénisme a été également persécuté par le pouvoir royal aux XVIIe et XVIIIe siècles.

1643.
Après la mort de sa mère (1641) puis celle de son père (1643), Jean Racine, qui a quatre ans, est recueilli par ses grands-parents paternels.

1649.
À la mort du grand-père paternel, sa veuve entre à Port-Royal. Jean Racine la suit et est admis aux Petites Écoles de l'abbaye, à titre gratuit. La pédagogie y est moderne : elle favorise la réflexion personnelle de l'élève et l'étude du français.
Racine y apprend également le latin avec Nicole (ami du philosophe Pascal), le grec avec Lancelot et suit les enseignements d'Antoine Le Maître, ancien avocat et orateur réputé.

Pierre Nicole.

Abbaye de Port-Royal des Champs.
Gouache de Madeleine de Boulogne (1646-1710). Versailles.

1653.
Racine est élève au collège de la ville de Beauvais, également d'obédience janséniste.

1655.
Racine revient à Port-Royal des Champs.

1656.
Les Petites Écoles sont fermées, mais Racine reste à Port-Royal, où il se perfectionne en grec et en latin. Il écrit ses premiers poèmes.
Parution des *Provinciales* de Pascal, auquel Nicole a fourni des informations pour la rédaction de son ouvrage.

1658.
Année de philosophie au collège d'Harcourt (Paris), dont le principal a participé à la publication des *Provinciales*.

1659-1660.
Racine fait ses premières rencontres avec des gens de lettres, La Fontaine notamment. Il écrit sa première tragédie, *Asmasie,* qui est refusée par le théâtre du Marais. À l'occasion du mariage de Louis XIV, il dédie une ode à la reine, *la Nymphe de la Seine,* qui est imprimée et lui vaut les éloges et les conseils de Charles Perrault.

1661-1662.
Racine séjourne à Uzès où il brigue un office ecclésiastique auprès de son oncle, le chanoine Sconin. Il y étudie la théologie, complète sa culture classique mais regrette Paris et ses salons, comme en témoignent ses lettres à La Fontaine.

1663.
Racine écrit une *Ode sur la convalescence du roi* à l'occasion d'une rougeole de Louis XIV, puis *la Renommée aux Muses* (autre ode), pour lesquelles il reçoit une promesse de gratification. Il se lie avec Boileau et Molière et il est présenté à Louis XIV.

1664.
Débuts de Racine à la scène (20 juin) avec *la Thébaïde ou les Frères ennemis,* tragédie jouée par la troupe du Palais-Royal que dirige Molière. Racine reçoit 600 livres de gratification royale.

1665.
Premier succès avec *Alexandre,* tragédie également jouée par la troupe de Molière. Mais, quelques jours après la première, Racine porte sa pièce à la troupe concurrente de l'Hôtel de Bourgogne, après quoi les deux auteurs se brouillent.

1666.

Racine rompt avec Port-Royal à propos des *Lettres sur l'hérésie imaginaire* dans lesquelles Nicole, confirmant l'hostilité janséniste à tout « divertissement », traite le « poète de théâtre » d'« empoisonneur public, non des corps, mais des âmes des fidèles ». Racine riposte vivement par une *Lettre* où il s'en prend à la rigueur janséniste.

1667.

Deuxième *Lettre* à Nicole. Racine épouse secrètement la comédienne Thérèse Du Parc, qui quitte la troupe de Molière pour l'Hôtel de Bourgogne. Elle participe à la création d'*Andromaque* (tragédie) : le succès est immense. La gratification royale allouée à Racine est augmentée.

1668.

Création des *Plaideurs* (comédie). Début de la polémique entre les partisans de Corneille et ceux de Racine. Mort de la Du Parc dans des circonstances mystérieuses.

1669.

Création de *Britannicus* (tragédie). L'hostilité grandissante du « parti cornélien » concourt à l'échec de cette pièce, malgré la faveur déclarée du roi. Liaison de Racine avec l'une des interprètes de sa pièce, la Champmeslé.

1670.

Première de *Bérénice* (tragédie), suivie, huit jours après, de la création de *Tite et Bérénice* dont l'auteur est Corneille. Les historiens littéraires n'ont pas débrouillé la question de savoir si les deux dramaturges avaient été mis en concurrence à leur insu par Henriette d'Angleterre,

Mlle Champmeslé.
Arsenal, fonds
Rondel.

7

ou s'ils avaient sciemment rivalisé autour du même sujet, cas fréquent à l'époque.

1672.
Création de *Bajazet* (tragédie). Racine est élu à l'Académie française.

1673.
Création de *Mithridate* (tragédie).

1674.
Création d'*Iphigénie* (tragédie) à Versailles. Racine est nommé « trésorier en la généralité de Moulins » : il perçoit un traitement considérable. Il fréquente le salon de Mme de Montespan, alors favorite de Louis XIV, et bénéficie de la faveur royale.

1676.
Édition des *Œuvres* de Racine, revues et préfacées par l'auteur.

1677.
Création de *Phèdre* (tragédie), initialement intitulée *Phèdre et Hippolyte,* aussitôt concurrencée par la *Phèdre* de Pradon (1632-1698), poète sans grand renom, partisan de Corneille. Une polémique éclate et une série de sonnets partisans et injurieux circulent (voir p. 13). Après cette pièce, Racine n'écrira plus pour le théâtre, sauf deux tragédies de commande.

Racine épouse Catherine de Romanet, une riche bourgeoise parisienne ; ils auront sept enfants. Il est nommé, avec Boileau, historiographe de Louis XIV, ce qui correspond à la charge officielle

Nicolas Boileau.

d'écrire l'histoire du règne du roi. Les deux écrivains reçoivent une gratification exceptionnelle de 6 000 livres.

1678.
Racine et Boileau accompagnent le roi dans sa campagne de Gand (guerre de Hollande). Racine fréquente le cercle de Mme de Maintenon, la nouvelle favorite du roi.

1679.
Lors de l'« affaire des Poisons », Racine est accusé par la Voisin d'avoir assassiné la Du Parc. Un ordre d'arrestation est lancé contre lui, mais il reste sans suite. Par ailleurs, l'auteur renoue avec Port-Royal ; il interviendra de plus en plus souvent en faveur de l'abbaye.

1683.
En collaboration avec Boileau, Racine écrit un opéra pour le carnaval de la Cour.

1685.
Racine fait le discours de réception de Thomas Corneille qui succède à son frère Pierre à l'Académie française : il fait un bel éloge de son ancien rival.

1686.
Le roi, satisfait des travaux d'historiographe de Racine, le place en tête de la liste des gratifications royales aux gens de lettres.

1687.
Deuxième édition des *Œuvres* de Racine, à nouveau revues par leur auteur.

1688.
Première présentation d'*Esther*. Cette tragédie sacrée a été

commandée par Mme de Maintenon pour Saint-Cyr, pensionnat religieux qu'elle a fondé en 1686 pour l'éducation des jeunes filles nobles mais sans fortune.

1690-1691.
Racine est nommé « gentilhomme ordinaire du roi ». Début 1691, grande « répétition » sans décor ni costumes d'*Athalie,* à Saint-Cyr. Il s'agit encore d'une commande de Mme de Maintenon. Ces deux tragédies d'inspiration biblique (*Esther* et *Athalie*) ne seront représentées au théâtre qu'après la mort de Racine.

1692-1693.
Racine accompagne le roi dans ses campagnes (batailles de Mons et de Namur) et continue son œuvre d'historiographe, dont seuls quelques fragments ont été conservés, les manuscrits ayant brûlé en 1726. Louis XIV marque à nouveau sa faveur en rendant héréditaire la charge de gentilhomme ordinaire dont bénéficie Racine.

1694.
Racine est le seul courtisan à assister aux funérailles d'Arnauld, théologien, théoricien du jansénisme et auteur avec Nicole de *la Logique de Port-Royal*. Il intervient de plus en plus souvent en faveur de l'abbaye auprès de l'archevêque de Paris. Il écrit les *Cantiques spirituels*.

Antoine Arnauld.

1695-1697.
Bien que se déclarant non janséniste, Racine rédige un *Abrégé de l'histoire de Port-Royal* en hommage à ses anciens maîtres.

En 1697 paraît la troisième édition des *Œuvres* de Racine, à nouveau revues et corrigées.

1699.
Mort de Racine qui est inhumé, selon ses vœux, à Port-Royal des Champs. Après la destruction de l'abbaye en 1711, ses cendres (ainsi que celles de Pascal) seront transférées à l'église Saint-Étienne-du-Mont (Paris).

Racine

création de la première tragédie

Racine historiographe du roi

1639   1664   1677   1699

Boileau (1636-1711)

Perrault (1628-1703)

Nicole (1625-1695)

Pascal (1623-1662)

Molière (1622-1673)

La Fontaine (1621-1695)

Arnauld (1612-1694)

Corneille (1606-1684)

règne de Louis XIII (1617-1643)

régence d'Anne d'Autriche (1643-1661)

règne de Louis XIV (1661-1715)

1648-1653 la Fronde

1664 : persécutions contre Port-Royal

1683 : invasion des Flandres par Louis XIV

12

La création de *Phèdre* et la cabale

Phèdre fut jouée pour la première fois le vendredi 1er janvier 1677, à Paris, par la troupe de l'Hôtel de Bourgogne. Le titre en était alors *Phèdre et Hippolyte*. Ce n'est que dix ans plus tard, dans l'édition de 1687, que Racine donnera à sa tragédie son titre définitif. Marie Champmeslé créa le rôle de Phèdre après avoir tenu les premiers rôles de toutes les tragédies de Racine depuis *Britannicus* (1669). *Phèdre* est la neuvième tragédie de Racine, la quatrième tirée de la légende grecque après *la Thébaïde* (1664), *Andromaque* (1667) et *Iphigénie* (1674). En 1677, Racine a trente-sept ans : voilà dix ans qu'il connaît le succès au théâtre, depuis son premier chef-d'œuvre, *Andromaque*. Sa précédente pièce, *Iphigénie,* a été accueillie triomphalement, malgré une cabale avortée préfigurant celle de *Phèdre*.

Les adversaires de Racine

Nicolas Pradon ne laisserait pas de souvenir marquant en littérature si une cabale n'en avait pas fait le rival de Racine. Auteur malheureux de pièces de théâtre, il tient Racine pour responsable de ses échecs. Il rassemble autour de lui quelques poètes jaloux du succès de Racine, tels que Donneau de Visé (1638-1710) qui s'est déjà signalé par son hostilité à Molière. Fondateur du *Mercure galant,* hebdomadaire d'information sur tous les sujets, Donneau de Visé est très influent dans les milieux mondains. Les partisans de Corneille soutiennent également Pradon, déçus de ce que le succès de Racine éclipse de plus en plus celui de leur auteur favori.

Mais ce « parti » littéraire est relayé sur le plan politique et mondain. Racine est le protégé de Mme de Montespan, alors favorite du roi. Les ennemis de celle-ci vont donc apporter leur soutien à Pradon. Il s'agit de la famille de Mazarin, le « clan des Mancini », de la duchesse de Bouillon, du duc de Nevers, etc.

Fin 1676, cette coterie apprend que Racine termine *Phèdre*. On persuade alors Pradon de composer une tragédie sur le même sujet afin de « doubler » la pièce de Racine. Deux jours après sa première à l'Hôtel de Bourgogne, le théâtre concurrent de l'Hôtel de Guénégaud crée la *Phèdre* de Pradon.

La cabale et la querelle des sonnets

D'après le fils et biographe de Jean Racine, Louis, le duc de Nevers et sa sœur la duchesse de Bouillon louent les loges de l'Hôtel de Bourgogne pour les laisser vides ou y installer un public hostile à Racine, tandis qu'ils distribuent à leurs amis des billets pour le théâtre Guénégaud. Rien ne permet de prouver cette affirmation. En revanche, il est certain que la rivalité des deux pièces fit grand bruit et que les gazettes s'emparèrent du sujet.

Racine négligeant de répondre aux attaques dont il est l'objet, c'est Boileau qui prend sa défense dans ses *Épîtres VI,* et *VII*.

Rapidement, le public abandonne la *Phèdre* de Pradon au profit de la tragédie de Racine. Mais la polémique s'envenime et une querelle de sonnets commence (voir p. 189), où les protagonistes sont insultés personnellement. Sous le pseudonyme de Damon, le duc de Nevers est attaqué avec virulence. Il prend lui-même la plume pour composer un sonnet où il menace Racine et Boileau d'être bastonnés.

La querelle cesse grâce à l'intervention du Grand Condé (1621-1686), qui prend Racine et Boileau sous sa protection.

En septembre 1677, les deux écrivains sont nommés historiographes du roi, et la pièce de Racine continue d'être jouée et appréciée, tandis que celle de Pradon a définitivement disparu de l'affiche. La cabale de *Phèdre* n'a donc pas été un obstacle à la carrière de Racine ; il en fut cependant profondément affecté et cessa d'écrire pour le théâtre pendant onze ans.

MACÉDOINE

THRACE

Thasos

ÉPIRE

△
MONT OLYMPE

Troie

Lemnos

THESSALIE

MER ÉGÉE *Lesbos*

ÉTOLIE

ATTIQUE *Eubée*

Delphes

Thèbes

Chios

Athènes

Mycènes

Andros

Olympie

Argos

Épidaure

Delos

Icarie

PÉLOPONNÈSE

Trézène

Naxos

Sparte

CAP TÉNARE

Cythère

MER IONIENNE

Cnossos

Crète

• Trézène : nom de ville
ATTIQUE : nom de région
Crète : nom d'île

0   100   200 Km

L'intrigue

Les amours interdites : acte I

Hippolyte annonce à son gouverneur Théramène son intention de partir à la recherche de son père disparu, Thésée. Puis il avoue fuir ainsi l'amour d'Aricie (sc. 1).

Minée par un mal inconnu, Phèdre veut mourir. Mais sa nourrice Œnone parvient à lui faire avouer son secret : elle aime passionnément son beau-fils Hippolyte (sc. 3). Survient une messagère qui annonce aux deux femmes la mort de Thésée (sc. 4).

Se pose alors le problème de la succession sur le trône, à laquelle peuvent prétendre Hippolyte, les enfants de Phèdre et de Thésée ainsi qu'Aricie.

Œnone obtient alors de sa maîtresse qu'elle renonce à mourir : Thésée mort, son amour pour Hippolyte cesse d'être coupable et elle doit défendre les droits de ses enfants à la couronne (sc. 5).

Les déclarations d'amour : acte II

Aricie avoue à sa confidente son amour pour Hippolyte (sc. 1), quand celui-ci survient pour lui proposer le trône d'Athènes et lui dire sa passion pour elle (sc. 2). Mais Phèdre arrive pour s'entretenir avec Hippolyte : elle commence par lui recommander son fils et finit par lui déclarer son amour. Repoussée, elle essaie de se tuer, mais Œnone l'en empêche et l'emmène (sc. 5).

Entre-temps, Athènes choisit le fils de Phèdre pour roi. Mais le bruit court que Thésée est vivant (sc. 6)...

L'arrivée de Thésée : acte III

Phèdre décide de proposer le trône à Hippolyte pour le séduire (sc. 1). Mais Œnone lui annonce le retour de Thésée. Phèdre veut à nouveau mourir. La nourrice lui propose alors d'accuser Hippolyte de son propre crime. Phèdre s'en remet à elle (sc. 3).

Lorsque Thésée paraît, Phèdre se dérobe à ses témoignages de tendresse et Hippolyte lui annonce son départ. Thésée devient aussitôt méfiant vis-à-vis de son fils (sc. 4 et 5).

Thésée condamne Hippolyte : acte IV

Le roi croit l'accusation lancée par Œnone contre Hippolyte (sc. 1). Ce dernier avoue à son père son amour pour Aricie, comme preuve de son innocence. Mais Thésée ne voit là qu'une feinte et voue son fils à la malédiction de Neptune (sc. 2).

Phèdre veut intercéder en faveur d'Hippolyte auprès de Thésée, mais celui-ci lui apprend l'amour du jeune homme pour Aricie (sc. 4). Folle de douleur et de jalousie, Phèdre renonce à son projet. Puis, bouleversée de remords, elle chasse Œnone en la maudissant (sc. 6).

Les trois morts : acte V

Hippolyte et Aricie décident de fuir ensemble (sc. 1). Aricie confirme à Thésée l'amour d'Hippolyte pour elle (sc. 3). Ébranlé, le roi veut interroger Œnone, mais celle-ci s'est jetée dans la mer. Thésée supplie alors Neptune de ne pas l'exaucer, quand Théramène arrive et lui annonce la mort de son fils (sc. 6).

Phèdre a pris un poison mortel, mais avant de mourir, elle révèle toute la vérité à Thésée. Celui-ci a tout perdu ; il décide d'adopter Aricie (sc. 7).

Les principaux personnages

Phèdre, « ni tout à fait coupable ni tout à fait innocente »

Descendante de Jupiter et du Soleil, « fille de Minos et de Pasiphaé », sœur d'Ariane, Phèdre est poursuivie par la malédiction de Vénus (voir p. 29). Elle est follement amoureuse d'Hippolyte, le fils que son époux Thésée a eu d'une autre femme.

Phèdre lutte en vain contre cette passion incestueuse qui l'horrifie et la conduit inéluctablement vers la mort. Elle est présente dans 12 scènes sur 30, prononce 471 vers sur 1 654 : c'est autour de Phèdre que s'ordonne toute l'intrigue de la pièce.

Hippolyte, jeune homme pur et valeureux

Hippolyte est le fils de Thésée et d'une Amazone. « Orgueilleux et sauvage », il est resté chaste pour se vouer au culte de Diane (voir p. 25) jusqu'au moment où il rencontre Aricie et s'éprend d'elle.

Son respect filial, sa droiture, son sens de l'honneur lui interdisent tout ce qui peut ressembler à une trahison, même quand sa vie est menacée.

Thésée, le père absent ?

Descendant des dieux, Thésée est un héros que ses hauts faits légendaires ont placé sur le trône d'Athènes et de Trézène. Volage avant d'épouser Phèdre, il s'est assagi depuis. Tenu

Rachel (1821-1858) dans le rôle de Phèdre.
Dessin d'Albert Decaris pour un timbre émis en 1961.
© A.D.A.G.P. Musée de la Poste, Paris.

au loin pendant deux actes de la pièce, prétendu mort, son absence noue l'action et son retour la précipite. Jaloux et crédule, impulsif, père tout-puissant, il a cependant besoin de l'aide du dieu Neptune pour accomplir ce qu'il pense être son devoir d'époux et sauver son honneur.

Aricie, un Hippolyte au féminin ?

Elle est l'unique survivante de la famille royale massacrée par Thésée pour asseoir son pouvoir sur Athènes. Ce dernier la retient prisonnière et l'a condamnée au célibat. Personnage fier, elle s'enorgueillit d'avoir conquis l'intraitable Hippolyte et montre du courage face à Thésée.

Œnone, le mauvais génie ?

Elle est complètement attachée à Phèdre dont elle est la vieille nourrice et la confidente. Souffrant elle-même des souffrances de Phèdre, Œnone cherche toutes les solutions possibles pour l'aider à être heureuse, comme pourrait le faire une mère. Mais sa passion finira par desservir la reine : de conseils en suggestions, elle perdra la confiance de Phèdre et entraînera sa perte, alors qu'elle ne voulait que son bonheur.

Héphaïstos...union avec...Gaïa.....

Érichthonios

Pandion 1

Érechthée

Pandion 2

Pallante   Égée....union...

Antiope
union avec... Thésée

les 50 Aricie   Hippolyte
Pallantides

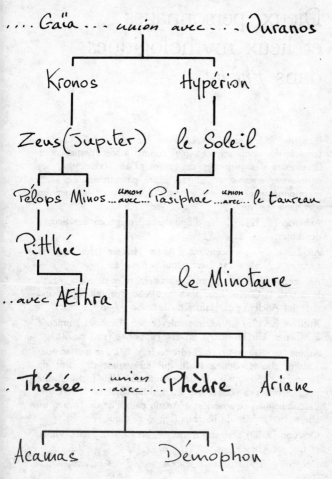

... Gaïa ... union avec ... Ouranos

Kronos   Hypérion

Zeus (Jupiter)   le Soleil

Pélops Minos ... union avec ... Pasiphaé ... union avec ... le taureau

Pitthée

le Minotaure

... avec AEthra

Thésée ... union avec ... Phèdre   Ariane

Acamas   Démophon

Dieux, personnages et lieux mythologiques dans *Phèdre*

Bien que *Phèdre* soit inspirée d'une légende grecque, Racine emploie des noms romains, plus connus à son époque, pour la plupart des dieux et des héros. Dans cette liste, les équivalents grecs sont indiqués entre parenthèses. Les vers mentionnés sont ceux où le nom apparaît pour la première fois dans l'œuvre.

Achéron (v. 12) : fleuve d'Épire ; également un des fleuves des Enfers.

Alcide (v. 78) : descendant d'Alcée. Hercule (Héraklès) est nommé « Alcide » car il est petit-fils d'Alcée.

Amazones (v. 204) : femmes guerrières, filles de Mars (Arès), le dieu de la Guerre. Leur pays était la Scythie, qui correspond chez les Anciens aux plaines du Danube ou au Caucase.

Antiope (v. 125) : Amazone enlevée par Thésée et emmenée à Athènes. Elle lui donna un fils, Hippolyte (voir p. 22).

Ariane (v. 89) : sœur de Phèdre (voir p. 23). Par amour pour Thésée, elle lui donna le fil qui lui permit de sortir du Labyrinthe après qu'il eut tué le Minotaure. Elle partit ensuite pour Athènes avec Thésée, mais il lui préféra Phèdre qui l'accompagnait et abandonna Ariane dans l'île de Naxos, où elle reçut la visite de Bacchus (Dionysos), qui l'épousa.

Cercyon (v. 80) : brigand d'Arcadie, lutteur dangereux, vaincu et tué par Thésée.

Cocyte (v. 385) : fleuve d'Épire et fleuve des Enfers.

Diane (v. 1404) : déesse de la Chasse (Artémis), vénérée par Hippolyte. Protectrice de celui-ci dans la légende antique, son rôle est très effacé dans la pièce de Racine.

Égée (v. 269) : roi d'Athènes, descendant d'Érechthée et père de Thésée (voir p. 22). Détrôné par ses neveux, les Pallantides, il fut restauré dans sa royauté par son fils. Apprenant la nouvelle (qui se révéla fausse par la suite) de la défaite de Thésée devant le Minotaure, il se jeta dans la mer qui, depuis, porte son nom (voir p. 16).

Enfers (Préface) : domaine souterrain des morts sur lequel règne Pluton (Hadès).

Érechthée (v. 426) : descendant de la Terre (Gaïa) et aïeul d'Égée et de Pallante (voir p. 22). Il fut roi d'Athènes et mourut foudroyé par Zeus.

Esculape (Préface) : dieu de la Médecine (Asklépios).

le géant d'Épidaure (v. 81) ou Périphétès : monstre qui assassinait les passants pour se repaître de leur chair. Thésée le tua et dispersa ses os.

Hélène (v. 85) : fille d'une mortelle, Léda, et de Jupiter (Zeus) ou de Tyndare, elle fut enlevée par Thésée, aidé de Pirithoüs ; elle épousa plus tard le roi Ménélas, et son second enlèvement, par Pâris, fut la cause de la guerre de Troie.

Hercule (v. 122) : célèbre héros (Héraklès), petit-fils d'Alcée et désigné parfois sous le nom d'Alcide. Comme Thésée, outre ses exploits héroïques (les Douze Travaux), il séduisit beaucoup de femmes.

Hippolyte : fils de Thésée et d'Antiope, successeur légitime du trône. Selon la légende, Diane demanda au médecin Esculape de le ressusciter.

Icare (v. 14) : fils de l'architecte Dédale, enfermé avec lui dans le Labyrinthe ; ils s'échappèrent en fixant, avec de la cire, des ailes à leurs épaules. Mais Icare s'approcha trop du soleil : la cire fondit et il tomba dans une partie de la mer

Égée qui fut alors appelée « mer Icarienne » (voir p. 16).

Junon (v. 1404) : épouse de Jupiter (Zeus), déesse du Mariage et du Foyer, garante de la fidélité conjugale (Héra).

Jupiter (v. 862) : en grec, Zeus, roi de l'Olympe, souverain suprême des dieux et des hommes, mari de Junon (Héra). Il était également célèbre pour ses aventures extraconjugales. Ainsi Minos, le père de Phèdre et d'Ariane, était né des amours de Jupiter et d'Europe ; Pitthée, le grand-père maternel de Thésée, descendait aussi de lui (voir p. 22-23).

Labyrinthe (v. 656) : palais aux couloirs inextricables, bâti par l'architecte Dédale sur les ordres du roi de Crète Minos pour y cacher le Minotaure, être monstrueux issu des amours coupables de son épouse Pasiphaé et d'un taureau.

Médée (v. 1638) : magicienne, fille d'Aiétès, lui-même fils du Soleil ; elle a donc la même origine que Pasiphaé et Phèdre. Elle s'éprit de Jason et l'accompagna dans l'expédition des Argonautes. Mais son amant l'abandonna pour Créüse, fille du roi de Corinthe. Médée tua alors les enfants qu'elle avait eus de Jason et se réfugia à Athènes. Selon certaine tradition, elle aurait épousé Égée et tenté d'empoisonner Thésée.

Minerve (v. 360) : déesse de la Sagesse (Athéna), sortie tout armée du crâne de Jupiter (Zeus), son père. Elle l'emporta sur Neptune (Poséidon) pour la possession de l'Attique. Athènes devint sa ville et se consacra à son culte.

Minos (v. 36) : fils de Jupiter (Zeus) et d'Europe, époux de Pasiphaé (voir p. 23), roi de Crète. La sagesse de ses lois était si grande qu'il mérita, avec Éaque et Rhadamanthe, de siéger aux Enfers, où il jugeait les morts.

Minotaure (v. 82) : monstre à corps d'homme et à tête de taureau né de Pasiphaé et d'un taureau (voir p. 23). Caché dans le Labyrinthe par Minos, il ne se nourrissait que de chair humaine. Athènes, alors assujettie à la Crète, devait chaque année fournir un tribut d'adolescents destinés à satisfaire l'appétit du monstre. Thésée le tua et libéra ainsi son pays de cette obligation.

Neptune (v. 131) : dieu de la Mer (Poséidon), fils de Kronos et frère de Jupiter (Zeus) ; son animal préféré était le cheval et il avait appris aux hommes à le dompter. C'est aussi le dieu « qui ébranle le sol ». Il avait promis d'exaucer trois vœux de Thésée pour le remercier d'avoir débarrassé les rivages des brigands qui les infestaient.

Pallante (v. 330) : Pallas, frère d'Égée, donc oncle de Thésée, père des Pallantides et d'Aricie (voir p. 22).

Pallantides (v. 53) : les cinquante fils de Pallante, frère d'Égée (voir p. 22). Ils ne sont plus que six chez Racine (v. 424) qui leur attribue une sœur, Aricie. D'après l'écrivain grec Plutarque (v. 50-125 apr. J.-C.) dans sa *Vie de Thésée,* ils disputèrent à Thésée le trône d'Athènes à la mort de leur oncle Égée ; mais Thésée les massacra tous.

Parque (v. 469) : les trois Parques étaient des divinités de la Mort.

Pasiphaé (v. 36) : fille du Soleil, épouse de Minos, mère de Phèdre, d'Ariane et du Minotaure (voir p. 23).

Péribée (v. 86) : fille du roi de Mégare. Enlevée puis abandonnée par Thésée, elle épousa ensuite Télamon, roi de Salamine, père d'Ajax.

Phèdre (v. 26) : voir « Ariane » et p. 23.

Pirithoüs (v. 384) : roi des Lapithes, en Thessalie. Ami de Thésée, il partagea avec lui plusieurs aventures. Thésée l'accompagna notamment en Épire vers la source de l'Achéron. Pirithoüs voulait y enlever une reine dont il était amoureux. Mais comme Thésée fut retenu prisonnier (v. 956-970) et que l'action se déroulait aux bords de l'Achéron, fleuve homonyme de celui des Enfers, on imagina qu'il était descendu aux Enfers pour enlever Proserpine (Perséphone), épouse de Pluton (Hadès).

Pitthée (v. 478) : descendant de Jupiter (Zeus), roi fondateur de Trézène, réputé pour sa sagesse, grand-père maternel de Thésée (voir p. 22).

Procruste (v. 80) ou **Procuste** : brigand de l'Attique qui étendait ses prisonniers sur un lit de fer et leur faisait subir d'atroces mutilations. Thésée le tua.

Proserpine (Préface) : Perséphone, fille de Cérès (Déméter) et déesse de la Germination des plantes, qui fut enlevée par Pluton (Hadès) et menée aux Enfers pour devenir sa femme.

Scirron (v. 80) : brigand qui dévastait l'Attique. Thésée le tua et jeta ses os dans la mer, où ils furent changés en rochers.

Sinnis (v. 80) : brigand de la région de Corinthe. Il écartelait ses prisonniers en les attachant aux grosses branches de deux arbres qu'il abaissait jusqu'à terre et lâchait ensuite. Thésée lui fit subir le même sort.

Soleil (v. 172) : Hélios. La mère de Phèdre, Pasiphaé, était fille de ce dieu (voir p. 23).

Terre (v. 421) : divinité (Gaïa), mère d'Érechthée, qui est l'ancêtre des Pallantides et d'Aricie, mais aussi de Thésée (voir p. 22-23).

Thésée (v. 11) : héros, fils d'Égée et descendant de Jupiter, (Zeus, voir p. 22-23). Il gagna Athènes lorsqu'il fut assez fort pour soulever le rocher sous lequel son père avait placé son épée. Dès seize ans, il accomplit de nombreux exploits (extermination de monstres, de brigands, etc.) et eut parallèlement de nombreuses aventures amoureuses. À la mort d'Égée, il devint roi d'Athènes dont il organisa les différentes bourgades en une seule cité (synœcisme) et créa l'aristocratie. Il continua de voyager ; il combattit notamment les Amazones (il eut Hippolyte avec l'une d'entre elles) et séjourna aux Enfers. Mais, en son absence, les Athéniens adoptèrent un autre roi, l'obligeant à l'exil.

Vénus (v. 61) : déesse du Désir et de l'Amour-passion (Aphrodite), épouse de Vulcain (Héphaïstos), dieu du Feu. Vénus poursuit de sa haine les descendantes (Pasiphaé, Ariane, Phèdre) du Soleil : celui-ci avait en effet dévoilé aux dieux de l'Olympe les amours clandestines de la déesse et de Mars (Arès), dieu de la Guerre.

Vénus sortant de l'onde.
Dessin de Girodet-Trioson (1767-1824). Musée Carnavalet, Paris.

Jean Racine. Burin d'Edelinck (1640-1707).
Bibliothèque nationale, Paris.

RACINE

Phèdre

tragédie
représentée pour la première fois
le 1er janvier 1677

Préface

Voici encore une tragédie dont le sujet est pris d'Euripide[1].
Quoique j'aie suivi une route un peu différente de celle de
cet auteur pour la conduite de l'action, je n'ai pas laissé
d'enrichir ma pièce de tout ce qui m'a paru plus éclatant[2]
5 dans la sienne. Quand je ne lui devrais que la seule idée du
caractère de Phèdre, je pourrais dire que je lui dois ce que
j'ai peut-être mis de plus raisonnable sur le théâtre. Je ne suis
point étonné que ce caractère ait eu un succès si heureux du
temps d'Euripide, et qu'il ait encore si bien réussi dans notre
10 siècle, puisqu'il a toutes les qualités qu'Aristote demande
dans le héros de la tragédie, et qui sont propres à exciter la
compassion et la terreur[3]. En effet, Phèdre n'est ni tout à fait
coupable, ni tout à fait innocente. Elle est engagée, par sa
destinée et par la colère des dieux[4], dans une passion illégitime,
15 dont elle a horreur toute la première. Elle fait tous ses efforts
pour la surmonter. Elle aime mieux se laisser mourir que de
la déclarer à personne. Et lorsqu'elle est forcée de la découvrir,
elle en parle avec une confusion qui fait bien voir que son
crime est plutôt une punition des dieux qu'un mouvement
20 de sa volonté.

J'ai même pris soin de la rendre un peu moins odieuse

---

1. *Voici ... Euripide* : la *Thébaïde* (1664) et *Iphigénie* (1674) s'ins-
pirèrent également du poète tragique grec Euripide (480-406 av.
J.-C.), auteur de quatre-vingt-douze pièces de théâtre.
2. *Plus éclatant* : le plus éclatant. Comparatif à valeur de superlatif.
3. *Qualités ... terreur* : dans sa *Poétique* (chap. 13), le philosophe
grec Aristote (384-322 av. J.-C.) explique que la pitié (ou compassion)
et la terreur sont les deux sentiments que doit susciter la tragédie.
4. *Colère des dieux* : il s'agit de Vénus (voir p. 29).

qu'elle n'est dans les tragédies des Anciens[1], où elle se résout d'elle-même à accuser Hippolyte. J'ai cru que la calomnie avait quelque chose de trop bas et de trop noir pour la mettre
25 dans la bouche d'une princesse qui a d'ailleurs des sentiments si nobles et si vertueux. Cette bassesse m'a paru plus convenable à une nourrice qui pouvait avoir des inclinations plus serviles[2], et qui néanmoins n'entreprend cette fausse accusation que pour sauver la vie et l'honneur de sa maîtresse.
30 Phèdre n'y donne les mains que parce qu'elle est dans une agitation d'esprit qui la met hors d'elle-même, et elle vient un moment après dans le dessein de justifier l'innocence et de déclarer la vérité.

Hippolyte est accusé, dans Euripide et dans Sénèque, d'avoir
35 en effet violé sa belle-mère : *vim corpus tulit*[3]. Mais il n'est ici accusé que d'en avoir eu le dessein. J'ai voulu épargner à Thésée une confusion qui l'aurait pu rendre moins agréable[4] aux spectateurs.

Pour ce qui est du personnage d'Hippolyte, j'avais remarqué
40 dans les Anciens qu'on reprochait à Euripide de l'avoir représenté comme un philosophe exempt de toute imperfection : ce qui faisait que la mort de ce jeune prince causait beaucoup plus d'indignation que de pitié. J'ai cru lui devoir donner quelque faiblesse qui le rendrait un peu coupable
45 envers son père, sans pourtant lui rien ôter de cette grandeur d'âme avec laquelle il épargne l'honneur de Phèdre et se laisse opprimer[5] sans l'accuser. J'appelle faiblesse la passion qu'il

---

1. *Anciens* : Euripide, dans *Hippolyte*, et Sénèque, philosophe et poète tragique latin (2 av. J.-C.-65 apr. J.-C.), dans *Phèdre*.
2. *Serviles* : propres à une esclave, les nourrices faisant partie des esclaves dans la Grèce antique.
3. *Vim corpus tulit* : « Mon corps a subi sa violence », Sénèque, *Phèdre*, v. 892.
4. *Agréable* : acceptable.
5. *Opprimer* : accabler.

ressent malgré lui pour Aricie, qui est la fille et la sœur des ennemis mortels de son père.

50   Cette Aricie n'est point un personnage de mon invention. Virgile[1] dit qu'Hippolyte l'épousa et en eut un fils, après qu'Esculape[2] l'eut ressuscité. Et j'ai lu encore dans quelques auteurs qu'Hippolyte avait épousé et emmené en Italie une jeune Athénienne de grande naissance, qui s'appelait Aricie,
55   et qui avait donné son nom à une petite ville d'Italie[3].

Je rapporte ces autorités, parce que je me suis très scrupuleusement attaché à suivre la fable. J'ai même suivi l'histoire de Thésée, telle qu'elle est dans Plutarque[4].

C'est dans cet historien que j'ai trouvé que ce qui avait
60   donné occasion de croire que Thésée fût descendu dans les enfers pour enlever Proserpine, était un voyage que ce prince avait fait en Épire[5] vers la source de l'Achéron, chez un roi[6] dont Pirithoüs voulait enlever la femme, et qui arrêta[7] Thésée prisonnier, après avoir fait mourir Pirithoüs. Ainsi j'ai tâché
65   de conserver la vraisemblance de l'histoire, sans rien perdre des ornements de la fable, qui fournit extrêmement à la poésie. Et le bruit de la mort de Thésée, fondé sur ce voyage fabuleux, donne lieu à Phèdre de faire une déclaration d'amour qui devient une des principales causes de son malheur, et
70   qu'elle n'aurait jamais osé faire tant qu'elle aurait cru que son mari était vivant.

---

1. *Virgile :* poète latin (70-19 av. J.-C.). Voir *l'Énéide,* chant VII, vers 761-762.
2. Toutes les références à la mythologie sont explicitées p. 24.
3. Cette histoire est racontée par l'écrivain grec Philostrate (v. 175-v. 249 apr. J.-C.) dans ses *Tableaux.*
4. *Plutarque :* écrivain grec (v. 50-v. 125 apr. J.-C.).
5. *Épire :* région de la péninsule des Balkans (voir p. 16).
6. *Un roi :* d'après Plutarque (*Vie de Thésée,* chap. 31), il s'agit d'Ædonée, dont le nom peut créer une confusion avec celui d'Hadès.
7. *Arrêta :* retint.

Au reste, je n'ose encore assurer que cette pièce soit en effet[1] la meilleure de mes tragédies. Je laisse aux lecteurs et au temps à décider[2] de son véritable prix. Ce que je puis
75 assurer, c'est que je n'en ai point fait où la vertu soit plus mise en jour[3] que dans celle-ci. Les moindres fautes y sont sévèrement punies. La seule pensée du crime y est regardée avec autant d'horreur que le crime même. Les faiblesses de l'amour y passent pour de vraies faiblesses ; les passions n'y
80 sont présentées aux yeux que pour montrer tout le désordre dont elles sont cause ; et le vice y est peint partout avec des couleurs qui en font connaître et haïr la difformité[4]. C'est là proprement le but que tout homme qui travaille pour le public doit se proposer ; et c'est ce que les premiers poètes
85 tragiques avaient en vue sur[5] toute chose. Leur théâtre était une école où la vertu n'était pas moins bien enseignée que dans les écoles des philosophes. Aussi Aristote a bien voulu donner des règles du poème dramatique ; et Socrate[6], le plus sage des philosophes, ne dédaignait pas de mettre la main
90 aux tragédies d'Euripide[7]. Il serait à souhaiter que nos ouvrages fussent aussi solides et aussi pleins d'utiles instructions que ceux de ces poètes. Ce serait peut-être un moyen de réconcilier la tragédie avec quantité de personnes célèbres par leur piété

---

1. *En effet* : réellement.
2. *À décider* : décider.
3. *Mise en jour* : mise en valeur, en lumière.
4. *Difformité* : l'horreur.
5. *Sur* : par-dessus.
6. *Socrate* : penseur grec (440-399 av. J.-C.) fondateur de la philosophie morale.
7. *Socrate ... Euripide* : c'est ce que rapporte Diogène Laërce, écrivain grec du IIIe siècle apr. J.-C., dans sa *Vie et opinions des philosophes illustres*, livre II, chap. 5.

et par leur doctrine[1], qui l'ont condamnée dans ces derniers
95 temps[2], et qui en jugeraient sans doute plus favorablement si
les auteurs songeaient autant à instruire leurs spectateurs qu'à
les divertir, et s'ils suivaient en cela la véritable intention[3] de
la tragédie.

1. *Doctrine* : savoir.
2. *Qui ... temps* : allusion aux attaques des jansénistes, en particulier
aux *Visionnaires* (1666) de Nicole, et au *Traité de la comédie* (1666)
du prince de Conti.
3. *Intention* : finalité.

La Champmeslé (1642-1698) dans le rôle de Phèdre. Gravure
de Prud'hom (début du XIXᵉ siècle) d'après un dessin de Cœuré.
Bibliothèque des Arts décoratifs, Paris.

Personnages

Thésée, *fils d'Égée, roi d'Athènes.*

Phèdre, *femme de Thésée, fille de Minos et de Pasiphaé.*

Hippolyte, *fils de Thésée et d'Antiope, reine des Amazones.*

Aricie, *princesse du sang royal d'Athènes.*

Théramène, *gouverneur d'Hippolyte.*

Œnone, *nourrice et confidente de Phèdre.*

Ismène, *confidente d'Aricie.*

Panope, *femme de la suite de Phèdre.*

Gardes.

La scène est à Trézène, ville du Péloponnèse.

Acte premier

SCÈNE PREMIÈRE. HIPPOLYTE, THÉRAMÈNE.

HIPPOLYTE

Le dessein[1] en est pris : je pars, cher Théramène,
Et quitte le séjour de l'aimable Trézène[2].
Dans le doute mortel dont je suis agité,
Je commence à rougir de mon oisiveté.
5 Depuis plus de six mois éloigné de mon père,
J'ignore le destin d'une tête[3] si chère ;
J'ignore jusqu'aux lieux qui le peuvent cacher.

THÉRAMÈNE

Et dans quels lieux, seigneur, l'allez-vous donc chercher ?
Déjà pour satisfaire à votre juste crainte,
10 J'ai couru les deux mers[4] que sépare Corinthe ;
J'ai demandé Thésée aux peuples de ces bords
Où l'on voit l'Achéron[5] se perdre chez les morts ;
J'ai visité l'Élide[6], et, laissant le Ténare[7],
Passé jusqu'à la mer qui vit tomber Icare[8].

---

1. *Dessein* : décision.
2. *Trézène* : port du Péloponnèse où Thésée était venu se purifier après le massacre des Pallantides (voir p. 16).
3. *Tête* : personne (sens figuré emprunté à la poésie grecque et latine).
4. *Les deux mers* : la mer Ionienne et la mer Égée (voir p. 16).
5. *Achéron* : voir p. 24 et les lignes 59 à 64 p. 34.
6. *Élide* : région du nord-ouest du Péloponnèse.
7. *Ténare* : cap du sud-ouest du Péloponnèse, aujourd'hui cap Matapan (voir p. 16).
8. *La mer ... Icare* : partie de la mer Égée voisine des îles de Samos et d'Icarie, au large de l'Asie Mineure. Toutes les références à la mythologie sont explicitées p. 24.

Décor de Léon Bakst pour *Phèdre,* début du XXᵉ siècle.
Bibliothèque nationale, Paris.

15 Sur quel espoir nouveau, dans quels heureux climats
Croyez-vous découvrir la trace de ses pas ?
Qui sait même, qui sait si le roi votre père
Veut que de son absence on sache le mystère[1] ?
Et si, lorsque avec vous nous tremblons pour ses jours,
20 Tranquille et nous cachant de nouvelles amours,
Ce héros n'attend point qu'une amante[2] abusée[3]...

HIPPOLYTE

Cher Théramène, arrête ; et respecte Thésée.
De ses jeunes erreurs[4] désormais revenu,
Par un indigne obstacle il n'est point retenu ;
25 Et, fixant de ses vœux l'inconstance fatale,
Phèdre depuis longtemps ne craint plus de rivale[5].

---

1. *Mystère :* secret.
2. *Amante :* qui aime et est aimée.
3. *Abusée :* trompée.
4. *Jeunes erreurs :* erreurs de jeunesse.
5. *Fixant ... rivale :* Phèdre a fixé sur elle les sentiments de Thésée qui a cessé depuis d'être inconstant et infidèle.

Enfin, en le cherchant je suivrai mon devoir,
Et je fuirai ces lieux, que je n'ose plus voir.

THÉRAMÈNE

Eh ! depuis quand, seigneur, craignez-vous la présence
30 De ces paisibles lieux si chers à votre enfance,
Et dont je vous ai vu préférer le séjour
Au tumulte pompeux d'Athène[1] et de la cour ?
Quel péril, ou plutôt quel chagrin[2] vous en chasse ?

HIPPOLYTE

Cet heureux temps n'est plus. Tout a changé de face
35 Depuis que sur ces bords les dieux ont envoyé
La fille de Minos et de Pasiphaé[3].

THÉRAMÈNE

J'entends[4] : de vos douleurs la cause m'est connue.
Phèdre ici vous chagrine et blesse votre vue.
Dangereuse marâtre[5], à peine elle vous vit,
40 Que votre exil d'abord signala son crédit[6].
Mais sa haine sur vous autrefois attachée,
Ou s'est évanouie, ou s'est bien relâchée.
Et d'ailleurs quels périls vous peut faire courir
Une femme mourante, et qui cherche à mourir ?
45 Phèdre, atteinte d'un mal qu'elle s'obstine à taire,
Lasse enfin d'elle-même et du jour qui l'éclaire,
Peut-elle contre vous former quelques desseins ?

HIPPOLYTE

Sa vaine inimitié n'est pas ce que je crains.
Hyppolyte en partant fuit une autre ennemie :

---

1. *Athène* : Athènes. Licence poétique justifiée par la mesure de l'alexandrin (le « s » final obligeait à une liaison).
2. *Chagrin* : tourment, désespoir (sens fort).
3. *La fille de Minos et de Pasiphaé* : Phèdre (voir p. 22-23).
4. *J'entends* : je comprends.
5. *Marâtre* : belle-mère (nuance péjorative, même au XVIIe siècle).
6. *Crédit* : influence (auprès de Thésée).

50 Je fuis, je l'avouerai, cette jeune Aricie,
    Reste d'un sang fatal conjuré contre nous[1].

THÉRAMÈNE

Quoi ! vous-même, seigneur, la persécutez-vous ?
Jamais l'aimable sœur des cruels Pallantides
Trempa-t-elle aux complots de ses frères perfides ?
55 Et devez-vous haïr ses innocents appas[2] ?

HIPPOLYTE

Si je la haïssais, je ne la fuirais pas.   *Amour à fuir*

THÉRAMÈNE

Seigneur, m'est-il permis d'expliquer votre fuite ?
Pourriez-vous n'être plus ce superbe[3] Hippolyte
Implacable ennemi des amoureuses lois[4],
60 Et d'un joug[5] que Thésée a subi tant de fois ?
Vénus, par votre orgueil si longtemps méprisée,
Voudrait-elle à la fin justifier Thésée ?
Et, vous mettant au rang du reste des mortels,
Vous a-t-elle forcé d'encenser ses autels[6] ?
65 Aimeriez-vous, seigneur ?

HIPPOLYTE

                    Ami, qu'oses-tu dire ?
Toi, qui connais mon cœur depuis que je respire.
Des sentiments d'un cœur si fier[7], si dédaigneux,
Peux-tu me demander le désaveu honteux ?
C'est peu qu'avec son lait une mère amazone

---

1. *Reste ... contre nous :* dernier membre d'une famille (les Pallantides) destinée à être la rivale de celle de Thésée, notamment pour le trône d'Athènes.
2. *Appas :* attraits physiques.
3. *Superbe :* orgueilleux.
4. *Amoureuses lois :* lois de l'amour (latinisme).
5. *Joug :* dépendance, servitude.
6. *Encenser ses autels :* sacrifier à son culte, à ses lois.
7. *Fier :* farouche, sauvage.

70 M'a fait sucer encor cet orgueil qui t'étonne.
Dans un âge plus mûr moi-même parvenu,
Je me suis applaudi quand je me suis connu.
Attaché près de moi par un zèle sincère,
Tu me contais alors l'histoire de mon père.
75 Tu sais combien mon âme, attentive à ta voix
S'échauffait aux récits de ses nobles exploits ;
Quand tu me dépeignais ce héros intrépide
Consolant les mortels de l'absence d'Alcide,
Les monstres étouffés et les brigands punis,
80 Procruste, Cercyon, et Scirron, et Sinnis,
Et les os dispersés du géant d'Épidaure,
Et la Crète fumant du sang du Minotaure.
Mais, quand tu récitais[1] des faits moins glorieux,
Sa foi[2] partout offerte et reçue en cent lieux ;
85 Hélène à ses parents dans Sparte dérobée ;
Salamine témoin des pleurs de Péribée ;
Tant d'autres, dont les noms lui sont même échappés,
Trop crédules esprits que sa flamme[3] a trompés :
Ariane aux rochers[4] contant ses injustices ;
90 Phèdre enlevée enfin sous de meilleurs auspices[5] ;
Tu sais comme, à regret écoutant ce discours,
Je te pressais souvent d'en abréger le cours,
Heureux si j'avais pu ravir à la mémoire[6]
Cette indigne moitié d'une si belle histoire !
95 Et moi-même, à mon tour, je me verrais lié[7] !
Et les dieux jusque-là m'auraient humilié !
Dans mes lâches soupirs[8] d'autant plus méprisable,

---

1. *Récitais* : faisais le récit, racontais.
2. *Foi* : parole, promesse (ici de fidélité).
3. *Flamme* : amour.
4. *Aux rochers* : ceux de l'île de Naxos (voir p. 24).
5. *Sous ... auspices* : elle devait devenir son épouse légitime.
6. *Ravir à la mémoire* : effacer du souvenir.
7. *Lié* : engagé par des sentiments amoureux (style galant).
8. *Soupirs* : soupirs d'amour.

Qu'un long amas d'honneurs[1] rend Thésée excusable,
Qu'aucuns[2] monstres[3] par moi domptés jusqu'aujourd'hui,
100 Ne m'ont acquis le droit de faillir comme lui !
Quand même ma fierté pourrait s'être adoucie,
Aurais-je pour vainqueur dû choisir Aricie ?
Ne souviendrait-il plus à mes sens égarés
105 De[4] l'obstacle éternel qui nous a séparés
Mon père la réprouve ; et, par des lois sévères,
Il défend de donner des neveux à ses frères :
D'une tige[5] coupable il craint un rejeton :
Il veut avec leur sœur ensevelir leur nom ;
Et que, jusqu'au tombeau soumise à sa tutelle,
110 Jamais les feux d'hymen[6] ne s'allument pour elle.
Dois-je épouser ses droits contre un père irrité ?
Donnerai-je l'exemple à la témérité ?
Et, dans un fol amour ma jeunesse embarquée[7]...

THÉRAMÈNE

Ah ! seigneur ! si votre heure est une fois marquée,
115 Le ciel de nos raisons ne sait point s'informer[8].
Thésée ouvre vos yeux, en voulant les fermer ;
Et sa haine, irritant une flamme rebelle[9],
Prête à son ennemi une grâce nouvelle.
Enfin, d'un chaste amour pourquoi vous effrayer ?
120 S'il a quelque douceur, n'osez-vous l'essayer[10] ?

---

1. *Long amas d'honneurs* : accumulation d'exploits glorieux.
2. *Aucuns* : s'emploie au pluriel au XVIIᵉ siècle.
3. *Monstres* : êtres légendaires abattus par Thésée ou héros monstrueux par leurs crimes.
4. *Ne souviendrait-il plus ... de* : mes sens égarés auraient-ils oublié.
5. *Tige* : ici, lignée.
6. *D'hymen* : de l'hymen, du mariage.
7. *Embarquée* : engagée.
8. *Si votre heure ... s'informer* : si le destin en a décidé ainsi, vous ne pouvez, avec votre raison, lutter contre lui.
9. *Irritant ... rebelle* : éveillant un amour contraire à ses volontés.
10. *Essayer* : faire l'expérience de.

En croirez-vous toujours un farouche scrupule ?
Craint-on de s'égarer sur les traces d'Hercule ?
Quels courages[1] Vénus n'a-t-elle pas domptés ?
Vous-même où seriez-vous, vous qui la combattez,
125 Si toujours Antiope à ses lois opposée[2]
D'une pudique ardeur n'eût brûlé pour Thésée ?
Mais que sert d'affecter un superbe discours[3] ?
Avouez-le, tout change ; et, depuis quelques jours,
On vous voit moins souvent, orgueilleux et sauvage,
130 Tantôt faire voler un char sur le rivage,
Tantôt, savant dans l'art par Neptune inventé[4],
Rendre docile au frein un coursier indompté ;
Les forêts de nos cris moins souvent retentissent :
Chargés d'un feu secret, vos yeux s'appesantissent.
135 Il n'en faut point douter : vous aimez, vous brûlez ;
Vous périssez d'un mal que vous dissimulez.
La charmante[5] Aricie a-t-elle su vous plaire ?

HIPPOLYTE

Théramène, je pars, et vais chercher mon père.

THÉRAMÈNE

Ne verrez-vous point Phèdre avant que de partir,
140 Seigneur ?

HIPPOLYTE

C'est mon dessein : tu peux l'en avertir.
Voyons-la, puisque ainsi mon devoir me l'ordonne.
Mais quel nouveau malheur trouble sa chère Œnone ?

---

1. *Courages* : cœurs fiers.
2. *Si ... opposée* : Amazone, Antiope était, théoriquement, vouée à la chasteté et, donc, opposée aux lois de Vénus.
3. *Discours* : langage.
4. *L'art ... inventé* : le dressage des chevaux.
5. *Charmante* : qui exerce un attrait magique (sens fort).

Acte I Scène 1

UNE SCÈNE D'EXPOSITION

1. Le dialogue entre un des principaux protagonistes de la pièce et son confident permet de donner au spectateur un maximum d'informations. Lesquelles ? Est-ce un procédé fréquent dans le théâtre classique ? chez Racine ? Citez des exemples précis. Théramène prend une part importante au dialogue : comment se traduit-elle (nombre de répliques, de vers, contenu et mode des interventions, etc.).

2. L'action s'amorce par l'annonce du départ imminent d'Hippolyte. Les raisons invoquées sont de deux ordres : lesquels ? Montrez, en citant le texte, que ces deux raisons s'imbriquent étroitement.

3. Que nous apprend cette scène sur les principaux personnages ? Quels sont les différents exploits de Thésée ? Quels procédés utilise Racine pour entourer de mystère et de trouble le personnage de Phèdre ?

4. À votre avis, cette scène remplit-elle complètement son rôle de scène d'exposition ? Justifiez votre réponse (part des informations, des questions en suspens, annonce de la suite prévisible, etc.).

PRÉSENCE DE LA GRÈCE MYTHIQUE ET LÉGENDAIRE

5. En vous aidant de la rubrique de la p. 24, explicitez les allusions mythologiques. Distinguez ce qui relève de la volonté des hommes et de celle des dieux.

6. Définissez à l'aide d'exemples précis (le vers 36 notamment) le climat créé par les noms propres et leurs sonorités.

7. Les personnages évoluent dans le décor conventionnel de la tragédie classique : le palais. Mais leurs propos évoquent une aire géographique large et diversifiée autour de deux pôles : la mer et les contrées sauvages, les forêts, domaines de prédilection d'Hippolyte. À partir de ces éléments, analysez l'art de créer une atmosphère chez Racine.

HIPPOLYTE : HÉROS ET AMOUREUX

8. Relevez les passages où se traduit l'ambivalence des sentiments d'Hippolyte à l'égard de son père (vous pouvez auparavant faire la liste des éléments positifs et des éléments négatifs perçus par le fils). Comment Hippolyte tente-t-il de surmonter le conflit intérieur né de cette image paternelle ambiguë ?

9. Pourquoi l'amour d'Hippolyte pour Aricie est-il un amour coupable et interdit ? Relevez les mots, expressions et métaphores (voir p. 205) empruntés au vocabulaire galant pour définir les sentiments amoureux. Que peut-on en conclure ?

10. Recherchez dans le théâtre de Corneille des personnages proclamant, comme Hippolyte, une éthique héroïque du refus de l'amour.

11. Étudiez en détail (registres de langue, rythme, stylistique) la tirade d'Hippolyte (v. 65 à 113) après en avoir distingué les différents moments : la fierté d'Hippolyte, l'histoire de Thésée, la découverte de l'amour.

SCÈNE 2.   HIPPOLYTE, THÉRAMÈNE, ŒNONE.

ŒNONE

Hélas ! seigneur, quel trouble au mien peut être égal ?
La reine touche presque à son terme fatal[1].
145 En vain à l'observer jour et nuit je m'attache ;
Elle meurt dans mes bras d'un mal qu'elle me cache.
Un désordre éternel règne dans son esprit ;
Son chagrin inquiet l'arrache de son lit :
Elle veut voir le jour ; et sa douleur profonde
150 M'ordonne toutefois d'écarter tout le monde...
Elle vient...

HIPPOLYTE

Il suffit : je la laisse en ces lieux,
Et ne lui montre point un visage odieux[2].

SCÈNE 3.   PHÈDRE, ŒNONE.

PHÈDRE

N'allons point plus avant, demeurons[3], chère Œnone.
Je ne me soutiens plus ; ma force m'abandonne :
155 Mes yeux sont éblouis du jour que je revoi[4] ;
Et mes genoux tremblants se dérobent sous moi.
Hélas !
(Elle s'assied.)

---

1. *Terme fatal* : mort inévitable, décidée par le destin.
2. *Odieux* : qu'elle déteste.
3. *Demeurons* : ici, arrêtons-nous.
4. *Revoi* : orthographe archaïque justifiée par l'étymologie latine du verbe, et qui permet de respecter la rime « pour l'œil » avec le vers suivant.

ŒNONE

Dieux tout-puissants, que nos pleurs vous apaisent !

PHÈDRE

Que ces vains ornements, que ces voiles me pèsent !
Quelle importune main, en formant tous ces nœuds,
160 A pris soin sur mon front d'assembler mes cheveux ?
Tout m'afflige[1], et me nuit, et conspire à me nuire.

ŒNONE

Comme on voit tous ses vœux l'un l'autre se détruire !
Vous-même, condamnant vos injustes desseins[2],
Tantôt[3] à vous parer vous excitiez nos mains ;
165 Vous-même, rappelant votre force première,
Vous vouliez vous montrer et revoir la lumière,
Vous la voyez, madame ; et, prête à vous cacher,
Vous haïssez le jour que vous veniez chercher !

PHÈDRE

Noble et brillant auteur d'une triste famille,
170 Toi, dont ma mère osait se vanter d'être fille[4],
Qui peut-être rougis du trouble où tu me vois,
Soleil, je te viens voir pour la dernière fois !

ŒNONE

Quoi ! vous ne perdrez point cette cruelle envie ?
Vous verrai-je toujours, renonçant à la vie,
175 Faire de votre mort les funestes[5] apprêts ?

PHÈDRE

Dieux ! que ne suis-je assise à l'ombre des forêts !

---

1. *M'afflige* : m'accable.
2. *Vos injustes desseins* : vos résolutions injustifiées de ne pas sortir.
3. *Tantôt* : tout à l'heure.
4. *Noble ... fille* : il s'agit du dieu Hélios, le Soleil, dont la mère de Phèdre, Pasiphaé, était la fille.
5. *Funeste* : du latin *funus*, funérailles, deuil ; tout ce qui a un rapport avec la mort.

Sarah Bernhardt (1844-1923) dans le rôle de Phèdre,
et Mlle Boulanger (Œnone). Photographie de Nadar (1820-1910).
Bibliothèque nationale, Paris.

Quand pourrai-je, au travers d'une noble poussière,
Suivre de l'œil un char[1] fuyant dans la carrière[2] ?

ŒNONE

Quoi, madame ?

PHÈDRE

Insensée ! où suis-je ? et qu'ai-je dit ?
180 Où laissé-je égarer mes vœux[3] et mon esprit ?
Je l'ai perdu : les dieux m'en ont ravi l'usage.
Œnone, la rougeur me couvre le visage[4] :
Je te laisse trop voir mes honteuses douleurs ;
Et mes yeux, malgré moi, se remplissent de pleurs.

ŒNONE

185 Ah ! s'il vous faut rougir, rougissez d'un silence
Qui de vos maux encore aigrit[5] la violence.
Rebelle à tous nos soins, sourde à tous nos discours,
Voulez-vous, sans pitié, laisser finir vos jours ?
Quelle fureur[6] les borne[7] au milieu de leur course ?
190 Quel charme ou quel poison en a tari la source ?
Les ombres par trois fois ont obscurci les cieux[8]
Depuis que le sommeil n'est entré dans vos yeux ;
Et le jour a trois fois chassé la nuit obscure
Depuis que votre corps languit sans nourriture.
195 À quel affreux dessein vous laissez-vous tenter ?
De quel droit sur vous-même osez-vous attenter ?
Vous offensez les dieux auteurs de votre vie ;
Vous trahissez l'époux à qui la foi vous lie ;
Vous trahissez enfin vos enfants malheureux,

---

1. *Noble ... char :* la course de chars est un sport réservé à l'aristocratie.
2. *Carrière :* piste réservée aux courses de chevaux.
3. *Vœux :* désirs.
4. *Rougeur ... visage :* je suis rouge de honte.
5. *Aigrit :* augmente, rend plus amère.
6. *Fureur :* folie, sens étymologique fort.
7. *Borne :* veut mettre un terme à.
8. *Les ombres ... cieux :* trois nuits ont passé.

200 Que vous précipitez sous un joug rigoureux.
Songez qu'un même jour leur ravira leur mère,
Et rendra l'espérance au fils de l'étrangère,
À ce fier ennemi de vous, de votre sang[1],
Ce fils qu'une Amazone a porté dans son flanc,
205 Cet Hippolyte...

PHÈDRE

Ah ! dieux !

ŒNONE

Ce reproche vous touche ?

PHÈDRE

Malheureuse ! quel nom est sorti de ta bouche !

ŒNONE

Eh bien ! votre colère éclate avec raison :
J'aime à vous voir frémir à ce funeste nom.
Vivez donc : que l'amour, le devoir, vous excite[2] ;
210 Vivez, ne souffrez pas que le fils d'une Scythe[3],
Accablant vos enfants d'un empire[4] odieux,
Commande au plus beau sang de la Grèce et des dieux[5].
Mais ne différez point ; chaque moment vous tue :
Réparez promptement votre force abattue,
215 Tandis que de vos jours, prêts à[6] se consumer,
Le flambeau dure encore, et peut se rallumer.

---

1. *Sang* : race, famille.
2. *Excite* : anime. Suivant l'usage du XVIIᵉ siècle, le verbe s'accorde avec le sujet le plus proche.
3. *Scythe* : les Amazones étaient originaires des rivages nord de la mer Noire, appelés par les Anciens « Scythie ».
4. *Empire* : autorité, pouvoir.
5. *Au ... dieux* : les enfants de Thésée et de Phèdre sont de purs Grecs descendant des dieux, tandis qu'Hippolyte est à moitié barbare (c'est-à-dire étranger) par sa mère.
6. *Prêts à* : prêts de.

PHÈDRE

J'en ai trop prolongé la coupable durée.

ŒNONE

Quoi ! de quelques remords êtes-vous déchirée ?
Quel crime a pu produire un trouble si pressant[1] ?
220 Vos mains n'ont point trempé dans le sang innocent.

PHÈDRE

Grâces au ciel, mes mains ne sont point criminelles.
Plût aux dieux que mon cœur fût innocent comme elles !

ŒNONE

Et quel affreux projet avez-vous enfanté
Dont votre cœur encor[2] doive être épouvanté ?

PHÈDRE

225 Je t'en ai dit assez : épargne-moi le reste.
Je meurs, pour ne point faire un aveu si funeste.

ŒNONE

Mourez donc, et gardez un silence inhumain ;
Mais pour fermer vos yeux cherchez une autre main ;
Quoiqu'il vous reste à peine une faible lumière[3],
230 Mon âme chez les morts descendra la première ;
Mille chemins ouverts y conduisent toujours,
Et ma juste douleur choisira les plus courts.
Cruelle ! quand ma foi vous a-t-elle déçue ?
Songez-vous qu'en naissant mes bras vous ont reçue ?
235 Mon pays, mes enfants, pour vous j'ai tout quitté.
Réserviez-vous ce prix à ma fidélité ?

---

1. *Pressant* : oppressant.
2. *Encor* : l'orthographe et la syntaxe n'étaient pas définitivement fixées au XVIIe siècle et pouvaient subir des variantes pour les besoins du rythme et de la rime visuelle des vers.
3. *Lumière* : vie.

PHÈDRE

Quel fruit espères-tu de tant de violence ?
Tu frémiras d'horreur si je romps le silence.

ŒNONE

Et que me direz-vous qui ne cède, grands dieux,
240 À l'horreur de vous voir expirer à mes yeux ?

PHÈDRE

Quand tu sauras mon crime et le sort qui m'accable,
Je n'en mourrai pas moins ; j'en mourrai plus coupable.

ŒNONE

Madame, au nom des pleurs que pour vous j'ai versés,
Par vos faibles genoux que je tiens embrassés,
245 Délivrez mon esprit de ce funeste doute.

PHÈDRE

Tu le veux : lève-toi.

ŒNONE

              Parlez : je vous écoute.

PHÈDRE

Ciel ! que lui vais-je dire ? et par où commencer ?

ŒNONE

Par de vaines frayeurs cessez de m'offenser[1].

PHÈDRE

Ô haine de Vénus ! Ô fatale colère !
250 Dans quels égarements l'amour jeta ma mère[2] !

ŒNONE

Oublions-les madame ; et qu'à tout l'avenir
Un silence éternel cache ce souvenir.

---

1. *Offenser* : faire souffrir.
2. *Dans ... mère* : Pasiphaé s'était accouplée avec un taureau pour donner naissance au Minotaure (voir p. 22-23).

PHÈDRE

Ariane, ma sœur, de quel amour blessée
Vous mourûtes aux bords où vous fûtes laissée !

ŒNONE

255 Que faites-vous, madame ? et quel mortel ennui[1]
Contre tout votre sang vous anime aujourd'hui ?

PHÈDRE

Puisque Vénus le veut, de ce sang déplorable
Je péris la dernière et la plus misérable.

ŒNONE

Aimez-vous ?

PHÈDRE

De l'amour j'ai toutes les fureurs.

ŒNONE

260 Pour qui ?

PHÈDRE

Tu vas ouïr le comble des horreurs.
J'aime... À ce nom fatal, je tremble, je frissonne.
J'aime...

ŒNONE

Qui ?

PHÈDRE

Tu connais ce fils de l'Amazone,
Ce prince si longtemps par moi-même opprimé ?

ŒNONE

Hippolyte ? Grands dieux !

PHÈDRE

C'est toi qui l'as nommé !

1. *Ennui* : souffrance, tourment (sens fort).

ŒNONE

265 Juste ciel ! tout mon sang dans mes veines se glace !
Ô désespoir ! ô crime ! ô déplorable race !
Voyage infortuné ! Rivage malheureux,
Fallait-il approcher de tes bords dangereux !

PHÈDRE

Mon mal vient de plus loin. À peine au fils d'Égée
270 Sous les lois de l'hymen je m'étais engagée,
Mon repos, mon bonheur semblait être affermi ;
Athènes me montra mon superbe ennemi :
Je le vis, je rougis, je pâlis à sa vue ;
Un trouble s'éleva dans mon âme éperdue[1] ;

[p]

275 Mes yeux ne voyaient plus, je ne pouvais parler ;
Je sentis tout mon corps et transir et brûler ;
Je reconnus Vénus et ses feux redoutables,
D'un sang qu'elle poursuit tourments inévitables.
Par des vœux assidus je crus les détourner :
280 Je lui bâtis un temple, et pris soin de l'orner ;
De victimes moi-même à toute heure entourée,
Je cherchais dans leurs flancs[2] ma raison égarée :
D'un incurable amour remèdes impuissants !
En vain sur les autels ma main brûlait l'encens :
285 Quand ma bouche implorait le nom de la déesse,
J'adorais Hippolyte ; et, le voyant sans cesse,
Même au pied des autels que je faisais fumer,
J'offrais tout à ce dieu que je n'osais nommer.
Je l'évitais partout. Ô comble de misère !
290 Mes yeux le retrouvaient dans les traits de son père.
Contre moi-même enfin j'osai me révolter :
J'excitai mon courage à le persécuter.
Pour bannir l'ennemi dont j'étais idolâtre,
J'affectai les chagrins[3] d'une injuste marâtre ;

---

1. *Éperdue* : égarée.
2. *Dans leurs flancs* : dans les religions antiques, on lisait l'avenir dans les entrailles des animaux sacrifiés.
3. *Chagrins* : ici, sentiments hostiles.

295 Je pressai son exil ; et mes cris éternels
L'arrachèrent du sein et des bras paternels.
Je respirais, Œnone ; et, depuis son absence,
Mes jours moins agités coulaient dans l'innocence ;
Soumise à mon époux, et cachant mes ennuis,
300 De son fatal hymen je cultivais les fruits[1].
Vaines précautions ! Cruelle destinée !
Par mon époux lui-même à Trézène amenée,
J'ai revu l'ennemi que j'avais éloigné :
Ma blessure trop vive aussitôt a saigné.
305 Ce n'est plus une ardeur dans mes veines cachée :
C'est Vénus tout entière à sa proie attachée[2].
J'ai conçu pour mon crime une juste terreur :
J'ai pris la vie en haine et ma flamme[3] en horreur ;
Je voulais en mourant prendre soin de ma gloire[4],
310 Et dérober au jour une flamme si noire :
Je n'ai pu soutenir tes larmes, tes combats :
Je t'ai tout avoué ; je ne m'en repens pas,
Pourvu que, de ma mort respectant les approches,
Tu ne m'affliges plus par d'injustes reproches,
315 Et que tes vains secours cessent de rappeler
Un reste de chaleur[5] tout prêt à s'exhaler.

---

1. *Cultivais les fruits* : élevais les enfants.
2. *C'est Vénus tout entière à sa proie attachée* : traduction libre des *Odes* (I, xix, 9) du poète latin Horace (65-8 av. J.-C.) ; « Vénus tout entière se jetant sur moi ».
3. *Flamme* : amour.
4. *Gloire* : honneur.
5. *Un reste de chaleur* : un dernier souffle de vie.

Œnone (Colette Bergé) et Phèdre (Francine Bergé).
Mise en scène d'Anne Delbée.
Festival d'Avignon, 1983.

Acte I Scène 3

LA STRUCTURE DE LA SCÈNE

Étudiez les trois moments de cette scène et leur articulation.

1. L'apparition de Phèdre (v. 153 à 184) : analysez le ton, le rythme, les sonorités, le climat poétique et la puissance évocatoire des tirades de ce personnage. Phèdre signifie en grec la « lumineuse », la « brillante » ; vous étudierez les thèmes du jour et de la nuit, de la lumière et de l'ombre et leur implication symbolique (voir notamment les vers 169-172 et 176-178).

2. La confrontation (v. 185 à 268) : quels sont les moyens utilisés par Œnone pour faire avouer à Phèdre son secret ? Montrez la progression de ses arguments et la montée parallèle de la tension entre les deux personnages.

3. L'aveu de Phèdre (v. 269 à 316) : comparez cet aveu à celui d'Hippolyte dans la scène 1.

L'AVEU DE PHÈDRE

4. Montrez que la tirade de Phèdre est une confession. Relevez les passages où s'expriment la culpabilité, la honte, le sentiment de transgresser les tabous (adultère et inceste), etc.

5. Quelle est ici la nature de l'intervention divine ? Quelle conception de l'amour en découle-t-il ? Cherchez des exemples analogues dans la mythologie.

6. Relevez les mots, expressions et tournures exprimant la violence irrépressible de la passion (états obsessionnels, hallucinatoires, manifestations physiques, etc.). Vous analyserez précisément le vers 273 (usage du passé simple, absence de liens logiques et temporels entre les différentes propositions, rythme, thème de la vue, différents procédés stylistiques). Aidez-vous du Petit dictionnaire p. 201.

7. Comment se nomme la figure de style alliant des termes contraires (ex. : « transir et brûler » v. 276) ? Quels en sont les effets ?

8. Recherchez les passages où il est question des rapports entre la vision et la parole. Que peut-on en conclure ?

SCÈNE 4. PHÈDRE, ŒNONE, PANOPE.

PANOPE.

Je voudrais vous cacher une triste nouvelle,
Madame : mais il faut que je vous la révèle.
La mort vous a ravi votre invincible époux ;
320 Et ce malheur n'est plus ignoré que de vous.

ŒNONE

Panope, que dis-tu ?

PANOPE

Que la reine abusée[1]
En vain demande au ciel le retour de Thésée ;
Et que, par des vaisseaux arrivés dans le port,
Hippolyte son fils vient d'apprendre sa mort.

PHÈDRE

325 Ciel !

PANOPE

Pour le choix d'un maître Athènes se partage :
Au prince votre fils l'un donne son suffrage,
Madame ; et de l'État, l'autre oubliant les lois,
Au fils de l'étrangère ose donner sa voix.
On dit même qu'au trône une brigue[2] insolente
330 Veut placer Aricie et le sang de Pallante.
J'ai cru de ce péril vous devoir avertir.
Déjà même Hippolyte est tout prêt à partir ;
Et l'on craint, s'il paraît dans ce nouvel[3] orage,
Qu'il n'entraîne après lui tout un peuple volage[4].

---

1. *Abusée* : pleine d'illusions.
2. *Brigue* : faction politique.
3. *Nouvel* : imprévu.
4. *Volage* : inconstant.

ŒNONE

335 Panope, c'est assez : la reine qui t'entend
Ne négligera point cet avis important.

SCÈNE 5. PHÈDRE, ŒNONE.

ŒNONE

Madame, je cessais de vous presser de vivre ;
Déjà même au tombeau, je songeais à vous suivre ;
Pour vous en détourner je n'avais plus de voix ;
340 Mais ce nouveau malheur vous prescrit d'autres lois.
Votre fortune[1] change et prend une autre face :
Le roi n'est plus, madame ; il faut prendre sa place.
Sa mort vous laisse un fils à qui vous vous devez,
Esclave s'il vous perd, et roi si vous vivez.
345 Sur qui, dans son malheur, voulez-vous qu'il s'appuie ?
Ses larmes n'auront plus de main qui les essuie ;
Et ses cris innocents, portés jusques aux dieux,
Iront contre sa mère irriter ses aïeux.
Vivez ; vous n'avez plus de reproche à vous faire :
350 Votre flamme devient une flamme ordinaire[2] ;
Thésée en expirant vient de rompre les nœuds[3]
Qui faisaient tout le crime et l'horreur de vos feux.
Hippolyte pour vous devient moins redoutable,
Et vous pouvez le voir sans vous rendre coupable
355 Peut-être, convaincu de votre aversion,
Il va donner un chef à la sédition :
Détrompez son erreur, fléchissez son courage.
Roi de ces bords heureux, Trézène est son partage ;

---

1. *Fortune :* sort, destinée.
2. *Ordinaire :* normale, et donc permise.
3. *Nœuds :* liens (ici, du mariage).

Mais il sait que les lois donnent à votre fils
360 Les superbes remparts que Minerve a bâtis[1].
Vous avez l'un et l'autre une juste[2] ennemie :
Unissez-vous tous deux pour combattre Aricie.

PHÈDRE

Eh bien ! à tes conseils je me laisse entraîner.
Vivons, si vers la vie on peut me ramener,
365 Et si l'amour d'un fils, en ce moment funeste,
De mes faibles esprits peut ranimer le reste.

Phèdre (Ludmila Mikael) et Œnone (Nathalie Nerval).
Mise en scène de Jacques Rosner à l'hôtel d'Aumont.
Festival du Marais, 1978.

---

1. *Les superbes ... bâtis :* les remparts d'Athènes, ville dont Athéna
(Minerve en latin) était la divinité protectrice.
2. *Juste :* réelle.

Acte I Scènes 4 et 5

L'ANNONCE DE LA MORT DE THÉSÉE

1. Pourquoi l'annonce de la mort du roi constitue-t-elle un coup de théâtre ?

2. Avec la mort supposée de Thésée, une intrigue politique se superpose au drame passionnel. Quelle est la nature du problème politique ? Montrez qu'il est inextricablement lié au problème amoureux.

LA TIRADE D'ŒNONE

3. Quelle analyse fait Œnone du problème amoureux après la mort supposée de Thésée ? D'après ce que vous connaissez du personnage de Phèdre et de la nature de sa passion, pensez-vous que cette analyse soit juste ? Référez-vous à des passages des scènes précédentes pour répondre.

4. Œnone est-elle une simple confidente ? Quelle est son importance dramatique ?

5. Pourquoi Phèdre accepte-t-elle le projet d'Œnone ? Quelle raison invoque-t-elle ? Selon vous, est-ce la seule ?

Sur l'ensemble de l'acte I

1. Montrez que les scènes 1 et 3 des deux aveux d'amour présentent une parfaite symétrie. Quel est l'obstacle commun à la réalisation des deux passions ?

2. À la fin de l'acte, tous les obstacles sont-ils levés ? Pourquoi ?

3. Recherchez, dans la tragédie classique, d'autres œuvres où l'intrigue amoureuse se double d'une intrigue politique.

4. Phèdre aime Hippolyte qui aime Aricie : pourquoi, à votre avis, ce type de situation est-il au centre de l'univers tragique de Racine ? Citez d'autres œuvres où l'on retrouve ce schéma. Quelle conception de l'amour cela implique-t-il ?

5. L'exposition est-elle terminée à la fin de l'acte I ? Pourquoi ?

6. Quel est le rôle des dieux, des personnages et des lieux mythologiques dans cet acte ?

7. Repérez les figures de style les plus fréquentes dans cet acte. Dressez-en la liste et citez les expressions utilisées par Racine.

Mademoiselle Clairon (1723-1803) dans le rôle de Phèdre.
Dessin à la pierre noire de Van Loo (XVIIIe siècle).
Archives de la Comédie-Française, Paris.

Acte II

SCÈNE PREMIÈRE. ARICIE, ISMÈNE.

ARICIE

Hippolyte demande à me voir en ce lieu ?
Hippolyte me cherche, et veut me dire adieu ?
Ismène, dis-tu vrai ? N'es-tu point abusée ?

ISMÈNE

370 C'est le premier effet de la mort de Thésée.
Préparez-vous, madame, à voir de tous côtés
Voler vers vous les cœurs par Thésée écartés.
Aricie, à la fin, de son sort est maîtresse,
Et bientôt à ses pieds verra toute la Grèce.

ARICIE

375 Ce n'est donc point, Ismène, un bruit mal affermi ?
Je cesse d'être esclave, et n'ai plus d'ennemi ?

ISMÈNE

Non, madame, les dieux ne vous sont plus contraires
Et Thésée a rejoint les mânes de vos frères[1].

ARICIE

Dit-on quelle aventure[2] a terminé ses jours ?

ISMÈNE

380 On sème de sa mort d'incroyables discours[3].
On dit que, ravisseur d'une amante nouvelle,
Les flots ont englouti cet époux infidèle ;

---

1. *Les mânes de vos frères :* les âmes des Pallantides, massacrés par
Thésée.
2. *Aventure :* événement.
3. *Discours :* récits.

On dit même, et ce bruit est partout répandu,
Qu'avec Pirithoüs aux enfers descendu,
385 Il a vu le Cocyte[1] et les rivages sombres,
Et s'est montré vivant aux infernales ombres ;
Mais qu'il n'a pu sortir de ce triste séjour,
Et repasser les bords qu'on passe sans retour.

ARICIE

Croirai-je qu'un mortel, avant sa dernière heure,
390 Peut pénétrer des morts la profonde demeure ?
Quel charme l'attirait sur ces bords redoutés ?

ISMÈNE

Thésée est mort, madame, et vous seule en doutez :
Athènes en gémit ; Trézène en est instruite,
Et déjà pour son roi reconnaît Hippolyte ;
395 Phèdre, dans ce palais, tremblante pour son fils,
De ses amis troublés demande les avis.

ARICIE

Et tu crois que, pour moi plus humain que son père,
Hippolyte rendra ma chaîne plus légère ;
Qu'il plaindra mes malheurs ?

ISMÈNE

       Madame, je le croi.

ARICIE

400 L'insensible Hippolyte est-il connu de toi ?
Sur quel frivole espoir penses-tu qu'il me plaigne,
Et respecte en moi seule un sexe qu'il dédaigne ?
Tu vois depuis quel temps il évite nos pas,
Et cherche tous les lieux où nous ne sommes pas.

ISMÈNE

405 Je sais de ses froideurs tout ce que l'on récite ;
Mais j'ai vu près de vous ce superbe Hippolyte ;

---

1. *Cocyte* : autre fleuve des Enfers prenant, comme l'Achéron, sa source en Épire.

Et même, en le voyant, le bruit[1] de sa fierté
A redoublé pour lui ma curiosité.
Sa présence[2] à ce bruit n'a point paru répondre :
410 Dès vos premiers regards je l'ai vu se confondre[3] ;
Ses yeux, qui vainement voulaient vous éviter,
Déjà pleins de langueur, ne pouvaient vous quitter.
Le nom d'amant peut-être offense son courage[4] ;
Mais il en a les yeux, s'il n'en a le langage.

ARICIE

415 Que mon cœur, chère Ismène, écoute avidement
Un discours qui peut-être a peu de fondement !
Ô toi qui me connais, te semblait-il croyable
Que le triste jouet d'un sort impitoyable,
Un cœur toujours nourri d'amertume et de pleurs,
420 Dût connaître l'amour et ses folles douleurs ?
Reste du sang d'un roi noble fils de la Terre,
Je suis seule échappée aux fureurs de la guerre :
J'ai perdu, dans la fleur de leur jeune saison,
Six frères... Quel espoir d'une illustre maison !
425 Le fer moissonna tout[5] ; et la terre humectée
But à regret le sang des neveux[6] d'Érechthée,
Tu sais, depuis leur mort, quelle sévère loi
Défend à tous les Grecs de soupirer pour moi ?
On craint que de la sœur les flammes téméraires
430 Ne raniment un jour la cendre de ses frères.
Mais tu sais bien aussi de quel œil dédaigneux
Je regardais ce soin d'un vainqueur soupçonneux ;
Tu sais que, de tout temps à l'amour opposée,
Je rendais souvent grâce à l'injuste Thésée,

---

1. *Bruit* : renommée, réputation.
2. *Présence* : attitude.
3. *Se confondre* : se troubler.
4. *Courage* : cœur.
5. *Le fer ... tout* : les armes les tuèrent tous.
6. *Neveux* : ici, descendants, au sens large.

67

435 Dont l'heureuse rigueur secondait mes mépris.
Mes yeux alors, mes yeux n'avaient pas vu son fils.
Non que, par les yeux seuls lâchement enchantée[1],
J'aime en lui sa beauté, sa grâce tant vantée,
Présents dont la nature a voulu l'honorer,
440 Qu'il méprise lui-même et qu'il semble ignorer :
J'aime, je prise en lui de plus nobles richesses,
Les vertus de son père, et non point les faiblesses ;
J'aime, je l'avouerai, cet orgueil généreux[2]
Qui jamais n'a fléchi sous le joug amoureux.
445 Phèdre en vain s'honorait des soupirs de Thésée :
Pour moi, je suis plus fière et fuis la gloire aisée
D'arracher un hommage à mille autres offert,
Et d'entrer dans un cœur de toutes parts ouvert.
Mais de faire fléchir un courage inflexible,
450 De porter la douleur dans une âme insensible,
D'enchaîner un captif de ses fers étonné[3],
Contre un joug qui lui plaît vainement mutiné ;
C'est là ce que je veux ; c'est là ce qui m'irrite[4].
Hercule à désarmer coûtait moins qu'Hippolyte ;
455 Et vaincu plus souvent, et plus tôt surmonté,
Préparait moins la gloire aux yeux qui l'ont dompté.
Mais, chère Ismène, hélas ! quelle est mon imprudence !
On ne m'opposera que trop de résistance :
Tu m'entendras peut-être, humble dans mon ennui,
460 Gémir du même orgueil que j'admire aujourd'hui.
Hippolyte aimerait ! Par quel bonheur extrême
Aurais-je pu fléchir...

ISMÈNE
Vous l'entendrez lui-même :
Il vient à vous.

---

1. *Enchantée* : sous l'emprise d'un sortilège, d'un charme magique.
2. *Généreux* : noble.
3. *Étonné* : frappé de stupeur, comme par un coup de tonnerre (sens étymologique).
4. *M'irrite* : m'anime.

Acte II Scène 1

SUITE DE L'EXPOSITION

1. Qu'apporte la confirmation de la mort de Thésée par Ismène ? Les précisions sur les circonstances de l'événement sont-elles crédibles ? Pourquoi ? Citez le texte.

2. Le rôle d'Ismène a-t-il le même poids que celui de Théramène dans la scène 1 de l'acte I ?

3. Quelles modifications l'aveu d'amour d'Aricie amène-t-il au schéma amoureux mis en place dans l'acte I ? Répertoriez les obstacles aux amours d'Hippolyte et Aricie et à celui de Phèdre pour Hippolyte.

L'AVEU D'AMOUR D'ARICIE

4. Dans les vers 415 à 435, relevez les similitudes avec les propos que tenait Hippolyte dans la scène 1 de l'acte I.

5. D'après les vers 436 à 444, sur quels principes se fonde l'amour d'Aricie envers Hippolyte ? Comparez l'éthique amoureuse de ces deux personnages.

6. Montrez que la « tactique » sentimentale d'Aricie relève d'un héroïsme galant et sophistiqué. Dans les vers 445 à 462, citez les termes, métaphores, etc., qui appartiennent au langage de la galanterie précieuse.

7. À la lumière de cette scène, Aricie vous semble-t-elle pleine de grâce ou mièvre ? passionnée ou coquette ? Justifiez votre réponse à l'aide d'exemples tirés du texte.

SCÈNE 2.   HIPPOLYTE, ARICIE, ISMÈNE.

HIPPOLYTE

Madame, avant que de partir,
J'ai cru de votre sort vous devoir avertir.
465 Mon père ne vit plus. Ma juste défiance
Présageait les raisons de sa trop longue absence :
La mort seule, bornant ses travaux[1] éclatants,
Pouvait à l'univers le cacher si longtemps.
Les dieux livrent enfin à la Parque homicide
470 L'ami, le compagnon, le successeur d'Alcide.
Je crois que votre haine, épargnant ses vertus,
Écoute sans regret[2] ces noms qui lui sont dus.
Un espoir adoucit ma tristesse mortelle :
Je puis vous affranchir d'une austère tutelle ;
475 Je révoque des lois dont j'ai plaint[3] la rigueur.
Vous pouvez disposer de vous, de votre cœur ;
Et, dans cette Trézène, aujourd'hui mon partage,
De mon aïeul Pitthée autrefois l'héritage,
Qui m'a, sans balancer[4], reconnu pour son roi,
480 Je vous laisse aussi libre et plus libre que moi.

ARICIE

Modérez des bontés dont l'excès m'embarrasse.
D'un soin si généreux honorer ma disgrâce,
Seigneur, c'est me ranger, plus que vous ne pensez,
Sous ces austères lois dont vous me dispensez.

---

1. *Travaux* : exploits.
2. *Regret* : déplaisir.
3. *Plaint* : déploré, regretté.
4. *Balancer* : hésiter.

HIPPOLYTE

485 Du choix d'un successeur Athènes, incertaine,
Parle de vous, me nomme, et le fils de la reine.

ARICIE

De moi, seigneur ?

HIPPOLYTE

             Je sais, sans vouloir me flatter,
Qu'une superbe[1] loi semble me rejeter :
La Grèce me reproche une mère étrangère.
490 Mais, si pour concurrent je n'avais que mon frère,
Madame, j'ai sur lui de véritables droits
Que je saurais sauver du caprice des lois.
Un frein plus légitime arrête mon audace :
Je vous cède, ou plutôt je vous rends une place,
495 Un sceptre que jadis vos aïeux ont reçu
De ce fameux mortel que la Terre a conçu[2].
L'adoption le mit entre les mains d'Égée[3].
Athènes, par mon père accrue[4] et protégée,
Reconnut avec joie un roi si généreux,
500 Et laissa dans l'oubli vos frères malheureux.
Athènes dans ses murs maintenant vous rappelle :
Assez elle a gémi d'une longue querelle ;
Assez dans ses sillons votre sang englouti
A fait fumer le champ dont il était sorti.
505 Trézène m'obéit. Les campagnes de Crète
Offrent au fils de Phèdre une riche retraite.

---

1. *Superbe* : ici, humiliante, injuste (sens ironique).
2. *Ce fameux … conçu* : Érechthée, petit-fils de la Terre, roi légendaire d'Athènes.
3. *L'adoption … Égée* : selon certaines traditions antiques, Égée (le père de Thésée) n'était que le fils adoptif de Pandion (lui-même descendant d'Érechthée), alors que Pallas, ou Pallante (père d'Aricie et des Pallantides), était au contraire son fils par le sang. Aricie a donc davantage de droits sur le trône d'Athènes.
4. *Accrue* : agrandie, développée.

L'Attique est votre bien. Je pars, et vais, pour vous,
Réunir tous les vœux partagés entre nous.

ARICIE

De tout ce que j'entends étonnée et confuse,
510 Je crains presque, je crains qu'un songe ne m'abuse.
Veillé-je ? Puis-je croire un semblable dessein ?
Quel dieu, seigneur, quel dieu l'a mis dans votre sein !
Qu'à bon droit votre gloire en tous lieux est semée !
Et que la vérité passe la renommée !
515 Vous-même, en ma faveur, vous voulez vous trahir !
N'était-ce pas assez de ne me point haïr ?
Et d'avoir si longtemps pu défendre votre âme
De cette inimitié...

HIPPOLYTE

Moi, vous haïr, madame !
Avec quelques couleurs qu'on ait peint ma fierté,
520 Croit-on que dans ses flancs un monstre m'ait porté ?
Quelles sauvages mœurs, quelle haine endurcie
Pourrait, en vous voyant, n'être point adoucie ?
Ai-je pu résister au charme décevant[1]...

ARICIE

Quoi, seigneur !

HIPPOLYTE

Je me suis engagé trop avant.
525 Je vois que la raison cède à la violence[2] :
Puisque j'ai commencé de rompre le silence,
Madame, il faut poursuivre ; il faut vous informer
D'un secret que mon cœur ne peut plus renfermer.
Vous voyez devant vous un prince déplorable[3],
530 D'un téméraire orgueil exemple mémorable.
Moi qui, contre l'amour fièrement révolté,

---

1. *Décevant* : trompeur.
2. *Violence* : passion.
3. *Déplorable* : digne de compassion.

Aux fers de ses captifs ai longtemps insulté ;
Qui, des faibles mortels déplorant les naufrages,
Pensais toujours du bord contempler les orages[1] ;
535 Asservi maintenant sous la commune loi,
Par quel trouble me vois-je emporté loin de moi ?
Un moment a vaincu mon audace imprudente,
Cette âme si superbe est enfin dépendante.
Depuis près de six mois, honteux, désespéré,
540 Portant partout le trait[2] dont je suis déchiré,
Contre vous, contre moi, vainement je m'éprouve :
Présente, je vous fuis ; absente, je vous trouve ;
Dans le fond des forêts votre image me suit ;
La lumière du jour, les ombres de la nuit,
545 Tout retrace à mes yeux les charmes que j'évite ;
Tout vous livre à l'envi le rebelle Hippolyte.
Moi-même, pour tout fruit de mes soins superflus[3],
Maintenant je me cherche, et ne me trouve plus ;
Mon arc, mes javelots, mon char, tout m'importune ;
550 Je ne me souviens plus des leçons de Neptune :
Mes seuls gémissements font retentir les bois,
Et mes coursiers[4] oisifs ont oublié ma voix.
Peut-être le récit d'un amour si sauvage
Vous fait, en m'écoutant, rougir de votre ouvrage.
555 D'un cœur qui s'offre à vous quel farouche entretien !
Quel étrange captif pour un si beau lien !
Mais l'offrande à vos yeux en doit être plus chère :
Songez que je vous parle une langue étrangère,
Et ne rejetez pas des vœux mal exprimés,
560 Qu'Hippolyte sans vous n'aurait jamais formés.

---

1. *Du bord ... orages* : souvenir de *De natura rerum* (II, 1-2) du
poète latin Lucrèce (v. 98-55 av. J.-C.) ; « Il est doux, quand sur la
vaste mer les vents soulèvent les flots, d'assister de la terre aux
épreuves d'autrui ».
2. *Trait* : blessure d'amour (allusion aux flèches de Cupidon).
3. *Soins superflus* : efforts vains.
4. *Coursiers* : chevaux.

SCÈNE 3. HIPPOLYTE, ARICIE, THÉRAMÈNE, ISMÈNE.

THÉRAMÈNE

Seigneur, la reine vient, et je l'ai devancée :
Elle vous cherche.

HIPPOLYTE

Moi ?

THÉRAMÈNE

J'ignore sa pensée.
Mais on vous est venu demander de sa part.
Phèdre veut vous parler avant votre départ.

HIPPOLYTE

565 Phèdre ! Que lui dirai-je ? Et que peut-elle attendre...

ARICIE

Seigneur, vous ne pouvez refuser de l'entendre :
Quoique trop convaincu de son inimitié,
Vous devez à ses pleurs quelque ombre de pitié.

HIPPOLYTE

Cependant[1] vous sortez. Et je pars ; et j'ignore
570 Si je n'offense point les charmes que j'adore !
J'ignore si ce cœur que je laisse en vos mains...

ARICIE

Partez, prince, et suivez vos généreux desseins :
Rendez de mon pouvoir Athènes tributaire[2].
J'accepte tous les dons que vous me voulez faire.
575 Mais cet empire enfin si grand, si glorieux,
N'est pas de vos présents le plus cher à mes yeux.

---

1. *Cependant :* pendant ce temps.
2. *Tributaire :* qui paye tribut à, placé sous la domination de.

Acte II Scènes 2 et 3

L'INTÉRÊT DRAMATIQUE

1. En voulant mettre un terme au conflit opposant les descendants de Pallas et ceux d'Égée (voir p. 22-23), Hippolyte répond-il à un problème purement politique ?

2. Pourquoi, d'après vous, Hippolyte propose-t-il l'affranchissement et le trône d'Athènes à Aricie ? Quelles peuvent en être les conséquences ? Justifiez votre réponse.

3. Quel est l'effet du relatif silence d'Aricie dans la scène 2 ? Comment se manifeste-t-il ?

4. Comment passe-t-on de l'exposé politique à la déclaration d'amour (sc. 2) ?

5. Quel est l'impact dramatique de l'interruption de Théramène (sc. 3) ?

LA PREMIÈRE DÉCLARATION D'AMOUR

6. Étudiez le vocabulaire et les métaphores employés par Hippolyte dans les vers 524 à 560. Quelle conception de l'amour se manifeste ainsi ? Pour répondre, vous pourrez comparer cette tirade à celle des vers 65 à 113 (I, 1).

7. Relevez, toujours dans les vers 524 à 560, les réflexions d'Hippolyte sur le discours et le silence, sur le fait de parler ou de se taire. Comparez-les à celles de Phèdre dans la scène 3 de l'acte I. Que peut-on en conclure ?

SCÈNE 4. HIPPOLYTE, THÉRAMÈNE.

HIPPOLYTE

Ami, tout est-il prêt ? Mais la reine s'avance.
Va, que pour le départ tout s'arme[1] en diligence.
Fais donner le signal, cours, ordonne et revien[2]
580 Me délivrer bientôt d'un fâcheux entretien.

SCÈNE 5. PHÈDRE, HIPPOLYTE, ŒNONE.

PHÈDRE, *à Œnone.*

Le voici : vers mon cœur tout mon sang se retire.
J'oublie, en le voyant, ce que je viens lui dire.

ŒNONE

Souvenez-vous d'un fils qui n'espère qu'en vous.

PHÈDRE

On dit qu'un prompt départ vous éloigne de nous,
585 Seigneur. À vos douleurs je viens joindre mes larmes ;
Je vous viens[3] pour un fils expliquer[4] mes alarmes.
Mon fils n'a plus de père ; et le jour n'est pas loin
Qui de ma mort encor[5] doit le rendre témoin.
Déjà mille ennemis attaquent son enfance :
590 Vous seul pouvez contre eux embrasser sa défense.
Mais un secret remords agite mes esprits :
Je crains d'avoir fermé votre oreille à ses cris.

---

1. *S'arme :* se prépare.
2. *Revien :* rime « pour l'œil » avec « entretien » (v. 580).
3. *Je vous viens :* je viens à vous.
4. *Expliquer :* exposer en développant (sens étymologique).
5. *Encor :* de surcroît.

Je tremble que sur lui votre juste colère
Ne poursuive bientôt une odieuse mère.

HIPPOLYTE

595 Madame, je n'ai point des sentiments si bas.

PHÈDRE

Quand vous me haïriez, je ne m'en plaindrais pas,
Seigneur : vous m'avez vue attachée à vous nuire ;
Dans le fond de mon cœur vous ne pouviez pas lire.
À votre inimitié j'ai pris soin de m'offrir[1] :
600 Aux bords[2] que j'habitais je n'ai pu vous souffrir ;
En public, en secret, contre vous déclarée[3],
J'ai voulu par des mers en être séparée ;
J'ai même défendu, par une expresse loi,
Qu'on osât prononcer votre nom devant moi.
605 Si pourtant à l'offense on mesure la peine,
Si la haine peut seule attirer votre haine,
Jamais femme ne fut plus digne de pitié,
Et moins digne, seigneur, de votre inimitié.

HIPPOLYTE

Des droits de ses enfants une mère jalouse
610 Pardonne rarement au fils d'une autre épouse ;
Madame, je le sais ; les soupçons importuns
Sont d'un second hymen les fruits les plus communs.
Tout autre aurait pour moi pris les mêmes ombrages[4].
Et j'en aurais peut-être essuyé plus d'outrages.

PHÈDRE

615 Ah ! seigneur ! que le ciel, j'ose ici l'attester,
De cette loi commune a voulu m'excepter !
Qu'un soin bien différent me trouble et me dévore !

---

1. *M'offrir* : m'exposer.
2. *Aux bords* : sur les rivages (d'Athènes).
3. *Contre vous déclarée* : m'étant déclarée contre vous.
4. *Aurait … ombrages* : aurait eu la même méfiance à mon égard.

HIPPOLYTE

Madame, il n'est pas temps de vous troubler encore :
Peut-être votre époux voit encore le jour ;
620 Le ciel peut à nos pleurs accorder son retour.
Neptune le protège, et ce dieu tutélaire
Ne sera pas en vain imploré par mon père.

PHÈDRE

On ne voit point deux fois le rivage des morts,
Seigneur ; puisque Thésée a vu les sombres bords,
625 En vain vous espérez qu'un dieu vous le renvoie ;
Et l'avare Achéron ne lâche point sa proie.
Que dis-je ? Il n'est point mort, puisqu'il respire en vous.
Toujours devant mes yeux je crois voir mon époux :
Je le vois, je lui parle ; et mon cœur... je m'égare,
630 Seigneur ; ma folle ardeur malgré moi se déclare.

HIPPOLYTE

Je vois de votre amour l'effet prodigieux :
Tout mort qu'il est, Thésée est présent à vos yeux ;
Toujours de son amour votre âme est embrasée.

PHÈDRE

Oui, prince, je languis, je brûle pour Thésée :
635 Je l'aime, non point tel que l'ont vu les enfers,
Volage adorateur de mille objets[1] divers,
Qui va du dieu des Morts déshonorer la couche[2] ;
Mais fidèle, mais fier, et même un peu farouche,
Charmant, jeune, traînant tous les cœurs après soi[3],
640 Tel qu'on dépeint nos dieux, ou tel que je vous vois.
Il avait votre port, vos yeux, votre langage ;

---

1. *Objets* : personnes aimées.
2. *Qui va ... la couche* : Thésée serait descendu aux Enfers pour
enlever Proserpine, épouse d'Hadès (voir les vers 384-385).
3. *Soi* : lui (emploi du pronom réfléchi, incorrect aujourd'hui).

Cette noble pudeur colorait son visage,
Lorsque de notre Crète il traversa les flots,
Digne sujet des vœux des filles de Minos[1].
645 Que faisiez-vous alors ? Pourquoi, sans Hippolyte,
Des héros de la Grèce assembla-t-il l'élite ?
Pourquoi, trop jeune encor, ne pûtes-vous alors
Entrer dans le vaisseau qui le mit sur nos bords ?
Par vous aurait péri le monstre de la Crète[2],
650 Malgré tous les détours de sa vaste retraite[3].
Pour en développer l'embarras incertain[4],
Ma sœur du fil fatal[5] eût armé votre main.
Mais non : dans ce dessein, je l'aurais devancée ;
L'amour m'en eût d'abord[6] inspiré la pensée ;
655 C'est moi, prince, c'est moi, dont l'utile secours
Vous eût du Labyrinthe enseigné les détours :
Que de soins m'eût coûtés cette tête charmante !
Un fil n'eût point assez rassuré votre amante :
Compagne du péril qu'il vous fallait chercher,
660 Moi-même devant vous j'aurais voulu marcher ;
Et Phèdre au Labyrinthe avec vous descendue
Se serait avec vous retrouvée ou perdue.

HIPPOLYTE

Dieux ! qu'est-ce que j'entends ? Madame, oubliez-vous
Que Thésée est mon père, et qu'il est votre époux ?

PHÈDRE

665 Et sur quoi jugez-vous que j'en perds la mémoire,
Prince ? Aurais-je perdu tout le soin de ma gloire[7] ?

---

1. *Sujet ... Minos* : objet d'amour d'Ariane et Phèdre.
2. *Le monstre de la Crète* : le Minotaure.
3. *Sa vaste retraite* : le Labyrinthe.
4. *Développer ... incertain* : débrouiller l'inextricable dédale.
5. *Fil fatal* : fil d'Ariane.
6. *D'abord* : tout de suite.
7. *Soin de ma gloire* : souci de ma réputation.

Phèdre (Françoise Thuries) et Hippolyte (Stéphane Bierry).
Mise en scène de Françoise Seigner
au Nouveau Théâtre Mouffetard, 1989.

HIPPOLYTE

Madame, pardonnez ; j'avoue, en rougissant,
Que j'accusais à tort un discours innocent.
Ma honte ne peut plus soutenir votre vue ;
670 Et je vais...

PHÈDRE

        Ah ! cruel ! tu m'as trop entendue !
Je t'en ai dit assez pour te tirer d'erreur.
Eh bien ! connais donc Phèdre et toute sa fureur :
J'aime. Ne pense pas qu'au moment que je t'aime,
Innocente à mes yeux, je m'approuve moi-même,
675 Ni que du fol amour qui trouble ma raison,
Ma lâche complaisance ait nourri le poison ;

80

Objet infortuné des vengeances célestes,
Je m'abhorre encor plus que tu ne me détestes.
Les dieux m'en sont témoins, ces dieux qui dans mon flanc
680 Ont allumé le feu fatal à tout mon sang ;
Ces dieux qui se sont fait une gloire cruelle
De séduire[1] le cœur d'une faible mortelle.
Toi-même en ton esprit rappelle le passé :
C'est peu de t'avoir fui, cruel, je t'ai chassé ;
685 J'ai voulu te paraître odieuse, inhumaine ;
Pour mieux te résister, j'ai recherché ta haine.
De quoi m'ont profité mes inutiles soins ?
Tu me haïssais plus, je ne t'aimais pas moins ;
Tes malheurs te prêtaient encor de nouveaux charmes.
690 J'ai langui, j'ai séché dans les feux, dans les larmes :
Il suffit de tes yeux pour t'en persuader,
Si tes yeux un moment pouvaient me regarder.
Que dis-je ? Cet aveu que je te viens de faire,
Cet aveu si honteux, le crois-tu volontaire ?
695 Tremblante pour un fils que je n'osais trahir,
Je te venais prier de ne le point haïr :
Faibles projets d'un cœur trop plein de ce qu'il aime !
Hélas ! je ne t'ai pu parler que de toi-même !
Venge-toi, punis-moi d'un odieux amour :
700 Digne fils du héros qui t'a donné le jour,
Délivre l'univers d'un monstre qui t'irrite.
La veuve de Thésée ose aimer Hippolyte !
Crois-moi, ce monstre affreux ne doit point t'échapper ;
Voilà mon cœur : c'est là que ta main doit frapper.
705 Impatient déjà d'expier son offense[2],
Au-devant de ton bras je le sens qui s'avance.
Frappe : ou si tu le[3] crois indigne de tes coups,

---

1. *Séduire* : égarer, détourner du droit chemin.
2. *Son offense* : l'offense qu'il t'a faite.
3. *Le* : mon cœur.

Si ta haine m'envie[1] un supplice si doux,
Ou si d'un sang trop vil ta main serait trempée,
710 Au défaut de ton bras prête-moi ton épée ;
Donne[2].

ŒNONE

Que faites-vous, madame ! Justes dieux !
Mais on vient : évitez des témoins odieux.
Venez, rentrez, fuyez une honte certaine.

---

1. *M'envie* : me refuse.
2. *Donne* : Phèdre tire de son fourreau l'épée d'Hippolyte.

Acte II Scène 5

STRUCTURE DE LA SCÈNE

1. Faites le plan de cette scène. Comment les différentes parties s'articulent-elles ? Donnez un titre à chacune d'elles.

2. Comment Racine traduit-il l'évolution et l'intensité croissante des propos de Phèdre, de l'intercession pour son fils (v. 584 à 594) aux aveux d'amour déguisés (v. 627 à 630) ?

3. Montrez que le vers 634 rompt brusquement l'équilibre, déjà précaire, du début de la scène.

4. Après un dernier sursaut d'amour-propre (v. 665-666), Phèdre rompt définitivement toutes les entraves : quels en sont les signes les plus manifestes dans son discours ?

DE L'AVEU INDIRECT À LA DÉCLARATION

5. Comment Phèdre tente-t-elle d'éviter de déclarer sa passion ? Relevez les différents procédés de l'aveu indirect.

6. Comparez la déclaration d'amour de Phèdre à Hippolyte à l'aveu fait à Œnone (v. 269 à 316) : quels sont les thèmes récurrents ? Relevez des vers qui font écho à ceux de la scène 3 de l'acte I. Vous comparerez, notamment, avec précision, les vers 273 à 275 aux vers 581-582.

7. Dans sa première grande tirade (v. 634 à 662), Phèdre mêle passé et fantasme. Qu'apporte la mythologie à cette évocation ? Relevez les procédés stylistiques qui donnent à cette peinture sa force et sa diversité.

8. Opposez du point de vue du rythme et du choix des mots les deux grandes tirades de Phèdre.

9. Quels sont les procédés stylistiques qui donnent toute sa violence à la deuxième grande tirade de Phèdre ? Étudiez précisément le rythme, les liens logiques, etc.

10. Distinguez, dans les propos de Phèdre, ce qui relève de la confession et de la justification.

11. D'après cette scène, définissez les caractéristiques de la passion racinienne.

SCÈNE 6. HIPPOLYTE, THÉRAMÈNE.

THÉRAMÈNE

Est-ce Phèdre qui fuit ou plutôt qu'on entraîne ?
715 Pourquoi, seigneur, pourquoi ces marques de douleur ?
Je vous vois sans épée, interdit, sans couleur !

HIPPOLYTE

Théramène, fuyons. Ma surprise est extrême.
Je ne puis sans horreur me regarder moi-même.
Phèdre... Mais non, grands dieux ! qu'en un profond oubli
720 Cet horrible secret demeure enseveli !

THÉRAMÈNE

Si vous voulez partir, la voile est préparée.
Mais Athènes, seigneur, s'est déjà déclarée ;
Ses chefs ont pris les voix de toutes ses tribus[1] :
Votre frère[2] l'emporte, et Phèdre a le dessus.

HIPPOLYTE

725 Phèdre ?

THÉRAMÈNE

Un héraut[3] chargé des volontés d'Athènes
De l'État en ses mains vient remettre les rênes.
Son fils est roi, seigneur.

HIPPOLYTE

Dieux, qui la connaissez,
Est-ce donc sa vertu que vous récompensez ?

THÉRAMÈNE

Cependant un bruit sourd veut que le roi respire :
730 On prétend que Thésée a paru dans l'Épire.
Mais moi, qui l'y cherchai, seigneur, je sais trop bien...

---

1. *Tribus* : le peuple de l'Athènes archaïque était divisé en dix tribus.
2. *Votre frère* : ici demi-frère, le fils de Phèdre et de Thésée.
3. *Héraut* : messager.

HIPPOLYTE

N'importe ; écoutons tout, et ne négligeons rien.
Examinons ce bruit, remontons à sa source :
S'il ne mérite pas d'interrompre ma course[1],
735 Partons ; et, quelque prix qu'il en puisse coûter,
Mettons le sceptre aux mains dignes de le porter.

---

1. *Interrompre ma course :* empêcher mon départ.

Sur l'ensemble de l'acte II

L'INTRIGUE ET LES PERSONNAGES

1. L'apparition d'Aricie (absente dans l'acte I) est-elle déterminante pour le déroulement de l'action ? Est-ce un personnage dramatiquement fort ? Pourquoi ?

2. L'évocation des dieux (notamment dans la scène 5) est-elle, selon vous, un simple hommage à la tradition antique ou bien a-t-elle une utilité dramatique et tragique ? Justifiez votre réponse.

3. Quel est l'intérêt dramatique de la scène 6 ? Quel effet produit-elle sur le spectateur ?

4. Dans l'acte I, Phèdre et Hippolyte avaient seulement avoué leur amour à leurs confidents respectifs. Ils se sont désormais déclarés publiquement. Peut-on dire que ces deux personnages sont désormais unis par un lien ? Pourquoi ?

SYMÉTRIES ET CONTRASTES

5. Comparez la scène 4 de l'acte I et la scène 6 de l'acte II. Pourquoi sont-elles toutes deux déterminantes ?

6. Étudiez la structure dramatique des scènes 2 et 5 de l'acte II. Quelles sont leurs similitudes et leurs dissemblances ?

7. Mettez en évidence les contrastes dans l'atmosphère, le ton et le rythme entre les scènes 1 et 2 du début et la scène 5 à la fin de l'acte (évolution de l'action, rapports de force entre les personnages, etc.). Que peut-on en déduire ?

Acte III

SCÈNE PREMIÈRE.   PHÈDRE, ŒNONE.

PHÈDRE

Ah ! que l'on porte ailleurs les honneurs qu'on m'envoie[1] :
Importune, peux-tu souhaiter qu'on me voie ?
De quoi viens-tu flatter[2] mon esprit désolé ?
740 Cache-moi bien plutôt : je n'ai que trop parlé.
Mes fureurs au-dehors ont osé se répandre :
J'ai dit ce que jamais on ne devait[3] entendre.
Ciel ! comme il m'écoutait ! Par combien de détours
L'insensible a longtemps éludé mes discours !
745 Comme il ne respirait qu'[4]une retraite prompte !
Et combien sa rougeur a redoublé ma honte !
Pourquoi détournais-tu mon funeste dessein !
Hélas ! quand son épée allait chercher mon sein,
A-t-il pâli pour moi ? me l'a-t-il arrachée ?
750 Il suffit que ma main l'ait une fois touchée,
Je l'ai rendue horrible à ses yeux inhumains ;
Et ce fer malheureux profanerait ses mains.

ŒNONE

Ainsi, dans vos malheurs, ne songeant qu'à vous plaindre,
Vous nourrissez un feu qu'il vous faudrait éteindre.
755 Ne vaudrait-il pas mieux, digne sang[5] de Minos,
Dans de plus nobles soins chercher votre repos ;

---

1. *Honneurs qu'on m'envoie :* Phèdre est la mère du nouveau souverain d'Athènes.
2. *Flatter :* divertir, abuser.
3. *Ce que jamais on ne devait :* ce qu'on n'aurait jamais dû.
4. *Ne respirait que :* n'aspirait qu'à.
5. *Digne sang :* en tant que digne descendante.

Contre un ingrat qui plaît[1] recourir à la fuite,
Régner, et de l'État embrasser[2] la conduite ?

PHÈDRE

Moi, régner ! Moi, ranger un État sous ma loi,
760 Quand ma faible raison ne règne plus sur moi !
Lorsque j'ai de mes sens abandonné l'empire !
Quand sous un joug honteux à peine je respire !
Quand je me meurs !

ŒNONE

Fuyez.

PHÈDRE

Je ne le puis quitter.

ŒNONE

Vous l'osâtes bannir, vous n'osez l'éviter ?

PHÈDRE

765 Il n'est plus temps : il sait mes ardeurs insensées.
De l'austère pudeur les bornes sont passées :
J'ai déclaré ma honte aux yeux de mon vainqueur,
Et l'espoir malgré moi s'est glissé dans mon cœur.
Toi-même, rappelant ma force défaillante,
770 Et mon âme[3] déjà sur mes lèvres errante,
Par tes conseils flatteurs tu m'as su ranimer :
Tu m'as fait entrevoir que je pouvais l'aimer.

ŒNONE

Hélas ! de vos malheurs innocente ou coupable,
De quoi pour vous sauver n'étais-je point capable ?
775 Mais si jamais l'offense irrita vos esprits[4],
Pouvez-vous d'un superbe oublier les mépris ?

---

1. *Plaît* : se plaît à, préfère.
2. *Embrasser* : se consacrer à.
3. *Âme* : vie.
4. *Mais ... esprits* : mais si jamais une offense a pu vous humilier.

Phèdre (Françoise Thuries) et Œnone (Claire Versane).
Mise en scène de Françoise Seigner
au Nouveau Théâtre Mouffetard, 1989.

Avec quels yeux cruels sa rigueur obstinée
Vous laissait à ses pieds peu s'en faut prosternée !
Que son farouche orgueil le rendait odieux !
780 Que[1] Phèdre en ce moment n'avait-elle mes yeux ?

PHÈDRE

Œnone, il peut quitter cet orgueil qui te blesse ;
Nourri[2] dans les forêts, il en a la rudesse.
Hippolyte, endurci par de sauvages lois[3],
Entend parler d'amour pour la première fois :
785 Peut-être sa surprise a causé son silence ;
Et nos plaintes peut-être ont trop de violence.

ŒNONE

Songez qu'une Barbare en son sein l'a formé.

PHÈDRE

Quoique Scythe et Barbare, elle a pourtant aimé.

ŒNONE

Il a pour tout le sexe[4] une haine fatale.

PHÈDRE

790 Je ne me verrai point préférer de rivale.
Enfin, tous tes conseils ne sont plus de saison !
Sers ma fureur, Œnone, et non point ma raison.
Il oppose à l'amour un cœur inaccessible ;
Cherchons pour l'attaquer quelque endroit plus sensible :
795 Les charmes d'un empire ont paru le toucher !
Athènes l'attirait, il n'a pu s'en cacher ;
Déjà de ses vaisseaux la pointe était tournée,
Et la voile flottait aux vents abandonnée.
Va trouver de ma part ce jeune ambitieux,

---

1. *Que* : pourquoi, avec une nuance certaine de regret (expression empruntée au latin).
2. *Nourri* : élevé.
3. *Lois* : principes d'éducation.
4. *Tout le sexe* : toutes les femmes.

800 Œnone ; fais briller la couronne à ses yeux :
Qu'il mette sur son front le sacré diadème ;
Je ne veux que l'honneur de l'attacher moi-même.
Cédons-lui ce pouvoir que je ne puis garder.
Il instruira mon fils dans l'art de commander ;
805 Peut-être il voudra bien lui tenir lieu de père :
Je mets sous son pouvoir et le fils et la mère.
Pour le fléchir enfin tente tous les moyens :
Tes discours trouveront plus d'accès que les miens ;
Presse, pleure, gémis ; peins-lui Phèdre mourante,
810 Ne rougis point de prendre une voix suppliante.
Je t'avouerai de tout[1] ; je n'espère qu'en toi.
Va : j'attends ton retour pour disposer de moi[2].

SCÈNE 2. PHÈDRE, *seule.*

Ô toi, qui vois la honte où je suis descendue,
Implacable Vénus, suis-je assez confondue[3] !
815 Tu ne saurais plus loin pousser ta cruauté.
Ton triomphe est parfait ; tous tes traits ont porté[4].
Cruelle, si tu veux une gloire nouvelle,
Attaque un ennemi qui te soit plus rebelle.
Hippolyte te fuit ; et, bravant ton courroux,
820 Jamais à tes autels n'a fléchi les genoux ;
Ton nom semble offenser ses superbes oreilles :
Déesse, venge-toi ; nos causes sont pareilles.
Qu'il aime... Mais déjà tu reviens sur tes pas,
Œnone ! On[5] me déteste ; on ne t'écoute pas ?

---

1. *Je ... de tout* : j'assumerai tous tes propos.
2. *Disposer de moi* : décider de mon sort.
3. *Confondue* : humiliée.
4. *Tous ... porté* : tous tes actes ont porté leurs fruits.
5. *On* : emploi du pronom indéfini pour désigner l'être aimé (langage de la galanterie).

Acte III Scènes 1 et 2

L'INTÉRÊT DRAMATIQUE

1. Distinguez les différents moments de la scène 1, depuis les lamentations de Phèdre jusqu'à sa décision de séduire Hippolyte par tous les moyens (lesquels ?).

2. À votre avis, pourquoi la scène 1 est-elle suivie d'un monologue, le premier de la pièce ?

3. Pourquoi Racine a-t-il jugé nécessaire que Phèdre fasse à Œnone un récit de sa déclaration d'amour et de la réaction d'Hippolyte, alors que la nourrice et le spectateur ont assisté à la scène (II, 5) ? Comparez le récit de Phèdre à la scène elle-même (II, 5) : observez-vous des décalages, des contradictions ou bien s'agit-il d'un récit fidèle ? Qu'apporte les réactions d'Œnone aux propos de Phèdre ?

4. Deux faits annoncés au cours de l'acte II ruinent d'avance la stratégie élaborée par Phèdre (v. 793 à 812). Lesquels ? Quels rebondissements annonce la scène 1 ?

LES PERSONNAGES

5. Comparez les portraits d'Hippolyte brossés par Phèdre et Œnone (III, 1 et 2) à celui qu'en a fait Aricie (II, 2, v. 437 à 456). Quelles sont les similitudes et les dissemblances ? Vous serez particulièrement attentif au choix des mots qui qualifient Hippolyte.

6. Montrez que, peu à peu, Œnone renonce à prodiguer des conseils à Phèdre. Pour la première fois, la reine décide d'agir et adopte une stratégie dont Œnone ne serait plus que l'instrument. Vous analyserez très précisément les vers 790 à 812 : d'une analyse du problème, Phèdre passe à la proposition d'une solution, puis aux moyens de sa réalisation. Cependant, une analyse stylistique vous permettra de trouver (dans les derniers vers notamment) de nombreux signes qui contredisent cette maîtrise de la situation et ce calme apparent.

7. Phèdre et Vénus : comparez l'évocation de la déesse devant témoin (I, 3) à l'interpellation directe dans la scène 2 de l'acte III. Que permet ici le monologue ? Montrez que la divinité est présentée sous un jour nouveau. Pourquoi ?

SCÈNE 3.   PHÈDRE, ŒNONE.

ŒNONE

825 Il faut d'un vain[1] amour étouffer la pensée,
Madame ; rappelez votre vertu passée :
Le roi, qu'on a cru mort, va paraître à vos yeux ;
Thésée est arrivé, Thésée est en ces lieux.
Le peuple pour le voir court et se précipite.
830 Je sortais par votre ordre, et cherchais Hippolyte,
Lorsque jusques au ciel mille cris élancés[2]...

PHÈDRE

Mon époux est vivant, Œnone : c'est assez.
J'ai fait l'indigne aveu d'un amour qui l'outrage ;
Il vit : je ne veux pas en savoir davantage.

ŒNONE

835 Quoi ?

PHÈDRE

        Je te l'ai prédit, mais tu n'as pas voulu :
Sur mes justes remords tes pleurs ont prévalu.
Je mourais[3] ce matin digne d'être pleurée ;
J'ai suivi tes conseils, je meurs déshonorée.

ŒNONE

Vous mourez ?

PHÈDRE

            Juste ciel ! qu'ai-je fait aujourd'hui !
840 Mon époux va paraître, et son fils avec lui !
Je verrai le témoin de ma flamme adultère
Observer de quel front j'ose aborder son père,

---

1. *Vain* : ici, impossible.
2. *Élancés* : poussés, lancés.
3. *Je mourais* : je serais morte (imparfait de l'indicatif à valeur d'irréel,
comme en latin).

Le cœur gros de soupirs qu'il n'a point écoutés,
L'œil humide de pleurs par l'ingrat rebutés !
845 Penses-tu que, sensible à l'honneur de Thésée,
Il lui cache l'ardeur dont je suis embrasée ?
Laissera-t-il trahir et son peuple et son roi ?
Pourra-t-il contenir l'horreur qu'il a pour moi ?
Il se tairait en vain : je sais mes perfidies[1],
850 Œnone, et ne suis point de ces femmes hardies
Qui, goûtant dans le crime une tranquille paix,
Ont su se faire un front qui ne rougit jamais.
Je connais mes fureurs, je les rappelle toutes[2] :
Il me semble déjà que ces murs, que ces voûtes
855 Vont prendre la parole, et, prêts à m'accuser,
Attendent mon époux pour le désabuser.
Mourons : de tant d'horreurs qu'femmes trépas me délivre.
Est-ce un malheur si grand que de cesser de vivre ?
La mort aux malheureux ne cause point d'effroi :
860 Je ne crains que le nom[3] que je laisse après moi.
Pour mes tristes[4] enfants quel affreux héritage !
Le sang de Jupiter[5] doit enfler leur courage ;
Mais, quelque juste orgueil qu'inspire un sang si beau,
Le crime d'une mère est un pesant fardeau.
865 Je tremble qu'un discours, hélas ! trop véritable,
Un jour ne leur reproche une mère coupable.
Je tremble qu'opprimés[6] de ce poids odieux
L'un ni l'autre jamais n'osent lever les yeux.

ŒNONE

Il n'en faut point douter, je les plains l'un et l'autre ;
870 Jamais crainte ne fut plus juste que la vôtre.

---

1. *Perfidies* : manquements, trahisons.
2. *Je ... toutes* : je me souviens de toutes.
3. *Nom* : réputation.
4. *Tristes* : malheureux.
5. *Le sang de Jupiter* : Phèdre et ses enfants descendent de Jupiter.
6. *Opprimés* : accablés.

Mais à de tels affronts pourquoi les exposer ?
Pourquoi contre vous-même allez-vous déposer ?
C'en est fait : on dira que Phèdre, trop coupable,
De son époux trahi fuit l'aspect redoutable.
875 Hippolyte est heureux qu'aux dépens de vos jours
Vous-même en expirant appuyez[1] ses discours.
À votre accusateur que pourrai-je répondre ?
Je serai devant lui trop facile à confondre :
De son triomphe affreux je le verrai jouir,
880 Et conter votre honte à qui voudra l'ouïr.
Ah ! que plutôt du ciel la flamme me dévore !
Mais, ne me trompez point, vous est-il cher encore ?
De quel œil voyez-vous ce prince audacieux ?

PHÈDRE

Je le vois comme un monstre effroyable à mes yeux.

ŒNONE

885 Pourquoi donc lui céder une victoire entière ?
Vous le craignez : osez l'accuser la première
Du crime dont il peut vous charger aujourd'hui.
Qui vous démentira ? Tout parle contre lui :
Son épée en vos mains heureusement[2] laissée,
890 Votre trouble présent, votre douleur passée,
Son père par vos cris dès longtemps prévenu[3],
Et déjà son exil par vous-même obtenu.

PHÈDRE

Moi, que j'ose opprimer et noircir l'innocence !

ŒNONE

Mon zèle[4] n'a besoin que de votre silence,
895 Tremblante comme vous, j'en[5] sens quelques remords.

---

1. *Appuyez* : renforcez, confirmez.
2. *Heureusement* : par bonheur.
3. *Prévenu* : mal disposé à l'égard d'Hippolyte.
4. *Zèle* : dévouement.
5. *En* : renvoie au vers 893.

95

Vous me verriez plus prompte[1] affronter mille morts.
Mais, puisque je vous perds sans ce triste[2] remède,
Votre vie est pour moi d'un prix à qui tout cède :
Je parlerai. Thésée, aigri par mes avis[3],
900 Bornera sa vengeance à l'exil de son fils :
Un père, en punissant, madame, est toujours père,
Un supplice léger suffit à sa colère.
Mais, le sang innocent dût-il être versé,
Que ne demande point votre honneur menacé ?
905 C'est un trésor trop cher pour oser le commettre[4].
Quelque loi qu'il vous dicte, il faut vous y soumettre,
Madame ; et pour sauver votre honneur combattu[5],
Il faut immoler[6] tout, et même la vertu.
On vient ; je vois Thésée.

PHÈDRE

Ah ! je vois Hippolyte :
910 Dans ses yeux insolents, je vois ma perte écrite.
Fais ce que tu voudras, je m'abandonne à toi.
Dans le trouble où je suis, je ne puis rien pour moi.

---

1. *Prompte* : promptement (latinisme).
2. *Triste* : affreux (sens fort).
3. *Aigri par mes avis* : en colère à cause de ce que je lui aurai dit.
4. *Commettre* : mettre en danger.
5. *Combattu* : menacé.
6. *Immoler* : sacrifier.

Acte III Scène 3

LES RESSORTS DRAMATIQUES

1. La seule supposition de la mort de Thésée a entraîné les déclarations d'amour d'Hippolyte et de Phèdre (acte II). Montrez que la même économie de moyens existe ici pour retourner la situation et la pousser vers le tragique.

2. Faites le plan de la scène. Analysez le changement des rapports entre Phèdre et Œnone, le passage de la lamentation à une proposition d'action, etc. À quel moment la situation se retourne-t-elle ?

3. Commentez cette affirmation de Roland Barthes (voir p. 199) : « La ruse d'Œnone consiste précisément, non pas à reprendre l'aveu de Phèdre, à l'annuler, ce qui est impossible, mais à le retourner : le mot restera intact, simplement transféré d'un personnage à l'autre. » En commentant précisément les vers 833, 854 à 856, 865-866, 886 à 888 et 894, vous définirez les rapports entre faute, culpabilité et discours.

LE VOCABULAIRE

4. Relevez, dans l'ensemble de la scène, les termes appartenant au champ lexical du regard. Montrez que le retour de Thésée s'impose d'abord à Œnone et à Phèdre comme une vision insupportable. Étudiez les thèmes de la vue et du regard, notamment dans les vers 840 à 844, 867-868, 909-910.

5. Quels sont les termes employés à propos de la famille ? Vous étudierez particulièrement la grande tirade de Phèdre (notamment les vers 860 à 868). Montrez que le thème de la famille est associé à ceux de l'hérédité et de la fatalité.

SCÈNE 4. THÉSÉE, PHÈDRE, HIPPOLYTE, THÉRAMÈNE, ŒNONE.

THÉSÉE

La fortune à mes yeux cesse d'être opposée,
Madame, et dans vos bras met...

PHÈDRE

Arrêtez, Thésée.
915 Et ne profanez point des transports[1] si charmants :
Je ne mérite plus ces doux empressements[2] ;
Vous êtes offensé. La fortune jalouse
N'a pas en votre absence épargné votre épouse.
Indigne de vous plaire et de vous approcher,
920 Je ne dois désormais songer qu'à me cacher.

SCÈNE 5. THÉSÉE, HIPPOLYTE, THÉRAMÈNE.

THÉSÉE

Quel est l'étrange accueil qu'on fait à votre père,
Mon fils ?

HIPPOLYTE

Phèdre peut seule expliquer ce mystère.
Mais, si mes vœux ardents vous peuvent émouvoir,
Permettez-moi, seigneur, de ne la plus revoir ;
925 Souffrez que pour jamais le tremblant Hippolyte
Disparaisse des lieux que votre épouse habite.

THÉSÉE

Vous, mon fils, me quitter ?

---

1. *Transports* : manifestations de l'amour.
2. *Empressements* : témoignages d'affection, d'amour.

Hippolyte (Hervé Bellon) et Thésée (Michel Etcheverry).
Mise en scène de Marcelle Tassencourt
au festival de Versailles, 1985.

HIPPOLYTE

                    Je ne la cherchais pas ;
C'est vous qui sur ces bords conduisîtes ses pas.
Vous daignâtes, seigneur, aux rives de Trézène
930 Confier en partant Aricie et la reine :
Je fus même chargé du soin de les garder.
Mais quels soins désormais peuvent me retarder[1] ?
Assez dans les forêts mon oisive jeunesse
Sur de vils ennemis a montré son adresse :
935 Ne pourrai-je, en fuyant un indigne repos,
D'un sang plus glorieux teindre mes javelots ?

---

1. *Retarder* : retenir.

Vous n'aviez pas encore atteint l'âge où je touche,
Déjà plus d'un tyran, plus d'un monstre farouche
Avait de votre bras senti la pesanteur ;
940 Déjà, de l'insolence heureux persécuteur,
Vous aviez des deux mers assuré[1] les rivages ;
Le libre[2] voyageur ne craignait plus d'outrages ;
Hercule, respirant sur le bruit de vos coups[3],
Déjà de son travail se reposait sur vous.
945 Et moi, fils inconnu d'un si glorieux père,
Je suis même encor loin des traces de ma mère !
Souffrez que mon courage ose enfin s'occuper :
Souffrez, si quelque monstre a pu vous échapper,
Que j'apporte à vos pieds sa dépouille honorable,
950 Ou que d'un beau trépas la mémoire durable,
Éternisant des jours si noblement finis,
Prouve à tout l'univers que j'étais votre fils.

THÉSÉE

Que vois-je ? Quelle horreur dans ces lieux répandue
Fait fuir devant mes yeux ma famille éperdue ?
955 Si je reviens si craint et si peu désiré,
Ô ciel ! de ma prison pourquoi m'as-tu tiré ?
Je n'avais qu'un ami[4] : son imprudente flamme
Du tyran de l'Épire allait ravir la femme ;
Je servais à regret ses desseins amoureux ;
960 Mais le sort irrité nous aveuglait tous deux.
Le tyran m'a surpris sans défense et sans armes.
J'ai vu Pirithoüs, triste objet de mes larmes,
Livré par ce Barbare à des monstres cruels[5]
Qu'il nourrissait du sang des malheureux mortels.

---

1. *Assuré* : rendu sûrs.
2. *Libre* : libéré (des menaces des brigands).
3. *Respirant sur le bruit de vos coups* : reprenant son souffle à l'annonce de vos exploits.
4. *Ami* : Pirithoüs.
5. *Monstres cruels* : le tyran fit dévorer Pirithoüs par ses chiens.

965 Moi-même, il m'enferma dans des cavernes sombres, ⟩
    Lieux profonds et voisins de l'empire des ombres.
    Les dieux, après six mois, enfin m'ont regardé :
    J'ai su tromper les yeux par qui j'étais gardé[1].
    D'un perfide ennemi j'ai purgé[2] la nature ;
970 À ses monstres lui-même a servi de pâture.
    Et lorsque avec transport je pense m'approcher
    De tout ce que les dieux m'ont laissé de plus cher ;
    Que dis-je ? quand mon âme, à soi-même rendue,
    Vient se rassasier d'une si chère vue,
975 Je n'ai pour tout accueil que des frémissements ;
    Tout fuit, tout se refuse à mes embrassements :
    Et moi-même, éprouvant la terreur que j'inspire,
    Je voudrais être encor dans les prisons d'Épire.
    Parlez. Phèdre se plaint que je suis outragé.
980 Qui m'a trahi ? Pourquoi ne suis-je pas vengé ?
    La Grèce, à qui mon bras fut tant de fois utile,
    A-t-elle au criminel accordé quelque asile ?
    Vous ne répondez point ! Mon fils, mon propre fils
    Est-il d'intelligence avec mes ennemis ?
985 Entrons : c'est trop garder un doute qui m'accable.
    Connaissons à la fois le crime et le coupable :
    Que Phèdre explique enfin le trouble où je la voi.

SCÈNE 6. HIPPOLYTE, THÉRAMÈNE.

HIPPOLYTE

    Où tendait ce discours qui m'a glacé d'effroi ?
    Phèdre, toujours en proie à sa fureur extrême,
990 Veut-elle s'accuser et se perdre elle-même ?

---

1. *Par ... gardé* : de ceux par qui j'étais gardé.
2. *Purgé* : débarrassé.

Dieux ! que dira le roi ! Quel funeste poison
L'amour a répandu sur toute sa maison !
Moi-même, plein d'un feu que sa haine réprouve,
Quel[1] il m'a vu jadis, et quel il me retrouve !
995 De noirs pressentiments viennent m'épouvanter.
Mais l'innocence enfin n'a rien à redouter.
Allons, cherchons ailleurs par quelle heureuse adresse
Je pourrai de mon père émouvoir la tendresse,
Et lui dire un amour qu'il peut vouloir troubler
1000 Mais que tout son pouvoir ne saurait ébranler.

---

1. *Quel :* dans quel état, du latin *qualis.*

Acte III Scènes 4 à 6

LA STRUCTURE DRAMATIQUE

1. Quel(s) effet(s) produisent l'extrême brièveté de la scène 4 et la longueur de la scène 5 ?

2. Faites le plan de la scène 5. Quels sont les différents thèmes abordés dans cette scène ?

3. Pourquoi l'acte III s'achève-t-il sur un monologue d'Hippolyte en présence de son gouverneur qui est aussi son confident (sc. 6) ?
Quelle est l'utilité dramatique de cette scène ? Donne-t-elle une orientation à l'acte qui va commencer ? Laquelle ?

LA MONTÉE DE LA TENSION

4. Quels sont les procédés stylistiques utilisés par Phèdre et Hippolyte pour éviter un aveu complet ? Expliquez, notamment, les vers 925-926, 927, 929-930, etc. Quel effet ces demi-aveux peuvent-ils produire sur Thésée ?

5. La scène 5 marque un retour à l'évocation de l'héroïsme : selon vous, pourquoi à ce moment précis ?

6. À quelle scène la tirade d'Hippolyte (v. 927 à 952) fait-elle écho ? Pourquoi cette évocation d'exploits héroïques peut-elle avoir ici un caractère inquiétant ? Vous répondrez en menant une analyse stylistique précise.

7. Quelle est l'utilité dramatique des vers 950 à 952 ?

8. À quoi vise la comparaison qu'établit Hippolyte entre son père et lui-même ? Relevez les moyens utilisés (choix des mots, temps des verbes, longueur des phrases, etc.) par Hippolyte pour construire ce parallèle contrasté. Analysez particulièrement les vers 945 et 952.

9. Montrez que le récit épique (voir p. 204) de Thésée précipite encore l'action vers le tragique.
Vous analyserez le vocabulaire, les images utilisées et leur valeur symbolique.
Quel effet produisent les rimes intérieures, notamment dans les vers 962 à 970 ?

Sur l'ensemble de l'acte III

1. Un deuxième coup de théâtre a lieu dans l'acte III. Quels sont ses effets sur l'action et les personnages ?

2. L'action se recentre désormais autour de Thésée. Comment se caractérise ce personnage ? Quel est son rôle dramatique ?

3. Comment évoluent Phèdre, Œnone et Hippolyte au cours de cet acte ? Justifiez votre réponse en citant le texte. Vous pouvez aussi traduire leur évolution par un schéma mettant en évidence la trajectoire des personnages, leurs rapports de force, etc.

4. Pour le spectateur qui connaît les intentions d'Œnone (sc. 3) et de Thésée (v. 986), quel pourrait être le dénouement de la tragédie ?

Acte IV

SCÈNE PREMIÈRE. THÉSÉE, ŒNONE.

THÉSÉE

Ah ! qu'est-ce que j'entends[1] ? Un traître, un téméraire
Préparait cet outrage à l'honneur de son père,
Avec quelle rigueur, destin, tu me poursuis :
Je ne sais où je vais, je ne sais où je suis.
005 Ô tendresse ! ô bonté trop mal récompensée !
Projets audacieux ! détestable pensée !
Pour parvenir au but de ses noires amours,
L'insolent de la force empruntait le secours !
J'ai reconnu le fer[2], instrument de sa rage,
010 Ce fer dont je l'armai pour un plus noble usage.
Tous les liens du sang n'ont pu le retenir !
Et Phèdre différait à le faire punir !
Le silence de Phèdre épargnait le coupable !

ŒNONE

Phèdre épargnait plutôt un père déplorable :
015 Honteuse du dessein d'un amant furieux[3]
Et du feu criminel qu'il a pris dans ses yeux,
Phèdre mourait, seigneur, et sa main meurtrière
Éteignait de ses yeux l'innocente lumière.
J'ai vu lever le bras, j'ai couru la sauver,
020 Moi seule à votre amour j'ai su la conserver :
Et, plaignant à la fois son trouble et vos alarmes,
J'ai servi, malgré moi, d'interprète à ses larmes.

---

1. *J'entends* : j'apprends.
2. *Le fer* : l'épée d'Hippolyte.
3. *Furieux* : rendu fou par la passion.

THÉSÉE

Le perfide ! il n'a pu s'empêcher de pâlir :
De crainte, en m'abordant[1], je l'ai vu tressaillir.
1025 Je me suis étonné de son peu d'allégresse ;
Ses froids embrassements ont glacé ma tendresse.
Mais ce coupable amour dont il est dévoré
Dans Athènes déjà s'était-il déclaré ?

ŒNONE

Seigneur, souvenez-vous des plaintes de la reine :
1030 Un amour criminel causa toute sa haine.

THÉSÉE

Et ce feu dans Trézène a donc recommencé ?

ŒNONE

Je vous ai dit, seigneur, tout ce qui s'est passé.
C'est trop laisser la reine à sa douleur mortelle ;
Souffrez que je vous quitte et me range[2] auprès d'elle.

SCÈNE 2. THÉSÉE, HYPPOLYTE.

THÉSÉE

1035 Ah ! le voici. Grands dieux ! à ce noble maintien
Quel œil ne serait pas trompé comme le mien ?
Faut-il que sur le front d'un profane[3] adultère
Brille de la vertu le sacré caractère !
Et ne devrait-on pas à des signes certains
1040 Reconnaître le cœur des perfides humains !

---

1. *En m'abordant* : au moment où il m'abordait.
2. *Me range* : retourne, reprenne ma place.
3. *Profane* : ici, sacrilège. Le mariage était sous la protection des dieux, spécialement de Héra.

Thésée et Hippolyte. Gravure de Le Bas (1783-1843),
d'après un dessin de Girodet. Bibliothèque nationale, Paris.

HIPPOLYTE

Puis-je vous demander quel funeste nuage,
Seigneur, a pu troubler votre auguste visage ?
N'osez-vous confier ce secret à ma foi ?

THÉSÉE

Perfide ! Oses-tu bien te montrer devant moi ?
1045 Monstre, qu'a trop longtemps épargné le tonnerre,
Reste impur des brigands dont j'ai purgé la terre,
Après que le transport d'un amour plein d'horreur
Jusqu'au lit de ton père a porté ta fureur,
Tu m'oses présenter une tête ennemie !
1050 Tu parais dans des lieux pleins de ton infamie,
Et ne vas pas chercher, sous un ciel inconnu,
Des pays où mon nom ne soit point parvenu !
Fuis, traître ! Ne viens point braver ici ma haine,
Et tenter un courroux que je retiens à peine[1] :
1055 C'est bien assez pour moi de l'opprobre[2] éternel
D'avoir pu mettre au jour un fils si criminel,
Sans que ta mort encor, honteuse à ma mémoire,
De mes nobles travaux vienne souiller la gloire.
Fuis ; et, si tu veux qu'un châtiment soudain
1060 T'ajoute aux scélérats qu'a punis cette main,
Prends garde que jamais l'astre qui nous éclaire
Ne te voie en ces lieux mettre un pied téméraire.
Fuis, dis-je ; et sans retour précipitant tes pas,
De ton horrible aspect purge tous mes États.
1065 Et toi, Neptune, et toi, si jadis mon courage
D'infâmes assassins nettoya ton rivage,
Souviens-toi que, pour prix de mes efforts heureux,
Tu promis d'exaucer le premier de mes vœux.
Dans les longues rigueurs d'une prison cruelle
1070 Je n'ai point imploré ta puissance immortelle ;

---

1. *À peine* : avec peine.
2. *Opprobre* : honte, déshonneur.

Avare du secours[1] que j'attends de tes soins,
Mes vœux t'ont réservé pour de plus grands besoins :
Je t'implore aujourd'hui. Venge un malheureux père ;
J'abandonne ce traître à toute ta colère ;
1075 Étouffe dans son sang ses désirs effrontés :
Thésée à tes fureurs connaîtra[2] tes bontés.

HIPPOLYTE

D'un amour criminel Phèdre accuse Hippolyte !
Un tel excès d'horreur rend mon âme interdite[3] ;
Tant de coups imprévus m'accablent à la fois,
1080 Qu'ils m'ôtent la parole et m'étouffent la voix.

THÉSÉE

Traître, tu prétendais qu'en un lâche silence
Phèdre ensevelirait ta brutale insolence :
Il fallait, en fuyant, ne pas abandonner
Le fer qui dans ses mains aide à te condamner ;
1085 Ou plutôt il fallait, comblant[4] ta perfidie,
Lui ravir tout d'un coup[5] la parole et la vie.

HIPPOLYTE

D'un mensonge si noir justement irrité,
Je devrais faire ici parler la vérité,
Seigneur ; mais je supprime[6] un secret qui vous touche.
1090 Approuvez le respect qui me ferme la bouche,
Et, sans vouloir vous-même augmenter vos ennuis,
Examinez ma vie, et songez qui je suis.
Quelques crimes toujours précèdent les grands crimes ;
Quiconque a pu franchir les bornes légitimes[7]

---

1. *Avare du secours* : économe, peu prodigue du soutien.
2. *Connaîtra* : reconnaîtra.
3. *Interdite* : stupéfaite au point d'être incapable de réagir.
4. *Comblant* : mettant le comble à.
5. *Tout d'un coup* : à la fois, en même temps.
6. *Supprime* : passe sous silence.
7. *Bornes légitimes* : limites définies par les lois.

1095 Peut violer enfin[1] les droits les plus sacrés :
Ainsi que la vertu, le crime a ses degrés ;
Et jamais on n'a vu la timide innocence
Passer subitement à l'extrême licence[2].
Un jour seul ne fait point d'un mortel vertueux
1100 Un perfide assassin, un lâche incestueux.
Élevé dans le sein d'une chaste héroïne,
Je n'ai point de son sang démenti l'origine.
Pitthée, estimé sage entre tous les humains,
Daigna m'instruire encore au sortir de ses mains[3].
1105 Je ne veux point me peindre avec trop d'avantage ;
Mais si quelque vertu m'est tombée[4] en partage,
Seigneur, je crois surtout avoir fait éclater[5]
La haine des forfaits qu'on ose m'imputer.
C'est par là qu'Hippolyte est connu dans la Grèce.
1110 J'ai poussé la vertu jusques à la rudesse :
On sait de mes chagrins[6] l'inflexible rigueur.
Le jour n'est pas plus pur que le fond de mon cœur.
Et l'on veut qu'Hippolyte épris d'un feu profane...

THÉSÉE

Oui, c'est ce même orgueil, lâche ! qui te condamne.
1115 Je vois de tes froideurs le principe odieux :
Phèdre seule charmait tes impudiques yeux ;
Et pour tout autre objet ton âme indifférente
Dédaignait de brûler d'une flamme innocente.

---

1. *Enfin* : en fin de compte, finalement.
2. *Licence* : ici, perversité, débauche, immoralité.
3. *De ses mains* : des mains d'Antiope, la « chaste héroïne ».
4. *M'est tombée* : m'a été donnée.
5. *Fait éclater* : rendu publique.
6. *Chagrins* : ici, moralité sans faille.

HIPPOLYTE

Non, mon père, ce[1] cœur, c'est trop vous le celer[2],
1120 N'a point d'un chaste amour dédaigné de brûler.
Je confesse à vos pieds ma véritable offense :
J'aime, j'aime, il est vrai, malgré votre défense.
Aricie à ses lois tient mes vœux asservis ;
La fille de Pallante a vaincu votre fils :
1125 Je l'adore ; et mon âme, à vos ordres rebelle,
Ne peut ni soupirer, ni brûler que pour elle.

THÉSÉE

Tu l'aimes ? ciel ! Mais non, l'artifice est grossier :
Tu te feins[3] criminel pour te justifier.

HIPPOLYTE

Seigneur, depuis six mois je l'évite et je l'aime ;
1130 Je venais, en tremblant, vous le dire à vous-même.
Eh quoi ! de votre erreur rien ne vous peut tirer !
Par quel affreux[4] serment faut-il vous rassurer ?
Que la terre, le ciel, que toute la nature...

THÉSÉE

Toujours les scélérats ont recours au parjure.
1135 Cesse, cesse, et m'épargne un importun discours,
Si ta fausse vertu n'a point d'autre secours.

HIPPOLYTE

Elle vous paraît fausse et pleine d'artifice :
Phèdre au fond de son cœur me rend plus de justice.

THÉSÉE

Ah ! que ton impudence excite mon courroux !

HIPPOLYTE

1140 Quel temps à mon exil, quel lieu prescrivez-vous ?

---

1. *Ce* : mon.
2. *Celer* : dissimuler.
3. *Tu te feins* : tu fais semblant d'être.
4. *Affreux* : redoutable.

111

THÉSÉE

Fusses-tu par-delà les colonnes d'Alcide[1]
Je me croirais encor trop voisin d'un perfide.

HIPPOLYTE

Chargé du crime affreux dont vous me soupçonnez,
Quels amis me plaindront, quand vous m'abandonnez ?

THÉSÉE

1145 Va chercher des amis dont l'estime funeste
Honore l'adultère, applaudisse à l'inceste,
Des traîtres, des ingrats sans honneur et sans loi,
Dignes de protéger un méchant tel que toi.

HIPPOLYTE

Vous me parlez toujours d'inceste et d'adultère :
1150 Je me tais. Cependant Phèdre sort d'une mère,
Phèdre est d'un sang, seigneur, vous le savez trop bien,
De toutes ces horreurs plus rempli que le mien.

THÉSÉE

Quoi ! ta rage à mes yeux perd toute retenue ?
Pour la dernière fois, ôte-toi de ma vue ;
1155 Sors, traître : n'attends pas qu'un père furieux
Te fasse avec opprobre arracher de ces lieux.

SCÈNE 3. THÉSÉE.

Misérable, tu cours à ta perte infaillible !
Neptune, par le fleuve[2] aux dieux mêmes terrible

---

1. *Les colonnes d'Alcide* : les colonnes d'Héraklès ou d'Hercule
(actuel détroit de Gibraltar) qui étaient considérées par les Anciens
comme les limites du monde connu.
2. *Par le fleuve* : par le Styx, fleuve principal des Enfers. Le serment
était chez les Anciens particulièrement redoutable, engageant de façon
irrévocable, sous peine de châtiment divin.

M'a donné sa parole, et va l'exécuter.
1160 Un dieu vengeur te suit[1], tu ne peux l'éviter.
Je t'aimais ; et je sens que, malgré ton offense,
Mes entrailles pour toi se troublent par avance.
Mais à te condamner tu m'as trop engagé[2] :
Jamais père, en effet, fut-il plus outragé !
1165 Justes dieux, qui voyez la douleur qui m'accable,
Ai-je pu mettre au jour un enfant si coupable !

---

1. *Suit* : poursuit.
2. *Engagé* : poussé, amené.

Acte IV Scènes 1 à 3

THÉSÉE ET ŒNONE

1. Pourquoi Racine met-il en scène Thésée et Œnone en tête à tête alors que celle-ci a déjà dénoncé Hippolyte ?

2. Montrez qu'Œnone fait croire à un mensonge en formulant des énoncés justes (v. 1017 à 1022 et 1030). Notez l'ambiguïté de l'adjectif possessif au vers 1017, de l'article au vers 1019, etc. Quelle signification revêt alors le mot « interprète » au vers 1022 ?

3. Que nous apprennent les vers 1003-1004 au sujet de Thésée ? Que laissent-ils présumer de ce qui va suivre ?

THÉSÉE ET HIPPOLYTE

4. Montrez que les vers 1035 à 1040 sont un écho déformé des vers 1023 à 1026. Les scènes 1 et 2 ne posent-elles pas constamment le problème de l'interprétation des « signes », de l'adéquation du signifiant et du signifié ?

5. Faites le plan de la scène 2, puis des tirades de Thésée (v. 1044 à 1076) et d'Hippolyte (v. 1087 à 1113). Donnez un titre à chaque partie.

6. Analysez le rythme et son accélération dans la longue tirade de Thésée. Répertoriez les procédés stylistiques utilisés pour scander ce passage, le vocabulaire, les reprises de mots et les figures de style qui le chargent de violence.

7. Analysez les arguments employés par Hippolyte pour sa défense. Pourquoi évoque-t-il le thème de l'hérédité ? Montrez que le vers 1112 définit Hippolyte comme l'exact opposé de Phèdre. Reportez-vous aux scènes précédentes et citez le texte pour justifier votre réponse.

8. Montrez que la situation se bloque de plus en plus à la fin de la scène 2. Comment Racine exprime-t-il la rupture entre les deux personnages ? Est-elle brutale ou, au contraire, amenée peu à peu ?

THÉSÉE SEUL

9. Pourquoi, selon vous, un monologue succède-t-il à la confrontation de Thésée et Hippolyte ?

10. Étudiez l'emploi des temps (présent, passé et futur) dans la courte scène 3.

11. Le vers 1164 fait écho au vers 1002 du début de la scène 1. Montrez que la situation apparaît désormais complètement nouée, que la mort d'Hippolyte s'annonce comme inéluctable, presque malgré Thésée.

12. Comparez Neptune à Vénus évoquée par Phèdre dans les actes précédents. Quels traits les dieux ont-ils en commun ?

SCÈNE 4. THÉSÉE, PHÈDRE.

PHÈDRE

Seigneur, je viens à vous, pleine d'un juste effroi ;
Votre voix redoutable a passé[1] jusqu'à moi :
Je crains qu'un prompt effet n'ait suivi la menace.
1170 S'il en est temps encore, épargnez votre race,
Respectez votre sang ; j'ose vous en prier :
Sauvez-moi de l'horreur de l'entendre crier[2] ;
Ne me préparez point la douleur éternelle
De l'avoir fait répandre à la main paternelle.

THÉSÉE

1175 Non, madame, en mon sang ma main n'a point trempé ;
Mais l'ingrat toutefois ne m'est point échappé :
Une immortelle main de sa perte est chargée,
Neptune me la doit ; et vous serez vengée.

PHÈDRE

Neptune vous la doit ! Quoi ! vos vœux irrités[3]...

THÉSÉE

1180 Quoi ! craignez-vous déjà qu'ils ne soient écoutés !
Joignez-vous bien plutôt à mes vœux légitimes :
Dans toute leur noirceur retracez-moi ses crimes ;
Échauffez mes transports[4] trop lents, trop retenus.
Tous ses crimes encor ne vous sont point connus :
1185 Sa fureur contre vous se répand en injures ;
Votre bouche, dit-il, est pleine d'impostures ;
Il soutient qu'Aricie a son cœur, a sa foi,
Qu'il l'aime.

---

1. *A passé* : s'est fait entendre.
2. *Crier* : métaphore empruntée à la Bible : « Écoute le sang de ton frère crier vers moi... » (Genèse, IV, 10).
3. *Vœux irrités* : vœux prononcés sous l'empire de la colère.
4. *Échauffez mes transports* : augmentez ma colère.

PHÈDRE

Quoi, seigneur !

THÉSÉE

           Il l'a dit devant moi :
Mais je sais rejeter un frivole[1] artifice.
1190 Espérons de Neptune une prompte justice :
Je vais moi-même encore au pied de ses autels
Le presser d'accomplir ses serments immortels.

SCÈNE 5. PHÈDRE.

Il sort. Quelle nouvelle a frappé mon oreille ?
Quel feu mal étouffé dans mon cœur se réveille ?
1195 Quel coup de foudre, ô ciel ! et quel funeste avis[2] !
Je volais tout entière au secours de son fils ;
Et, m'arrachant des bras d'Œnone épouvantée,
Je cédais au remords dont j'étais tourmentée.
Qui sait même où m'allait porter ce repentir ?
1200 Peut-être à m'accuser j'aurais pu consentir ;
Peut-être, si la voix ne m'eût été coupée,
L'affreuse vérité me serait échappée.
Hippolyte est sensible, et ne sent rien pour moi !
Aricie a son cœur ! Aricie a sa foi !
1205 Ah ! dieux ! Lorsqu'à mes vœux l'ingrat inexorable
S'armait d'un œil si fier, d'un front si redoutable,
Je pensais qu'à l'amour son cœur toujours fermé
Fût[3] contre tout mon sexe également armé :
Une autre cependant a fléchi son audace[4] ;

---

1. *Frivole* : sans valeur, sans poids.
2. *Avis* : nouvelle.
3. *Fût* : était. Au XVIIe siècle, le subjonctif marquait la supposition, comme en latin.
4. *Audace* : ici, sa fière indifférence à l'amour.

117

1210 Devant ses yeux cruels une autre a trouvé grâce.
Peut-être a-t-il un cœur facile à s'attendrir :
Je suis le seul objet qu'il ne saurait souffrir.
Et je me chargerais du soin de le défendre !

SCÈNE 6.   PHÈDRE, ŒNONE.

PHÈDRE

Chère Œnone, sais-tu ce que je viens d'apprendre ?

ŒNONE

1215 Non ; mais je viens tremblante, à ne vous point mentir.
J'ai pâli du dessein qui vous a fait sortir ;
J'ai craint une fureur à vous-même fatale[1].

PHÈDRE

Œnone, qui l'eût cru ? j'avais une rivale !

ŒNONE

Comment !

PHÈDRE

Hippolyte aime ; et je n'en puis douter.
1220 Ce farouche ennemi qu'on ne pouvait dompter,
Qu'offensait le respect[2], qu'importunait la plainte[3],
Ce tigre, que jamais je n'abordai sans crainte,
Soumis, apprivoisé, reconnaît un vainqueur :
Aricie a trouvé le chemin de son cœur.

ŒNONE

1225 Aricie !

---

1. *Une fureur ... fatale :* une folie qui aurait révélé votre faute.
2. *Respect :* ici, adoration.
3. *Plainte :* ici, lamentation amoureuse.

PHÈDRE

Ah ! douleur non encore éprouvée !
À quel nouveau tourment je me suis réservée !
Tout ce que j'ai souffert, mes craintes, mes transports,
La fureur de mes feux, l'horreur de mes remords,
Et d'un cruel refus l'insupportable injure,
1230 N'était qu'un faible essai[1] du tourment que j'endure.
Ils s'aiment ! Par quel charme ont-ils trompé mes yeux ?
Comment se sont-ils vus ? depuis quand ? dans quels lieux ?
Tu le savais : pourquoi me laissais-tu séduire ?
De leur furtive[2] ardeur ne pouvais-tu m'instruire ?
1235 Les a-t-on vus souvent se parler, se chercher ?
Dans le fond des forêts allaient-ils se cacher ?
Hélas ! ils se voyaient avec pleine licence[3] :
Le ciel de leurs soupirs approuvait l'innocence ;
Ils suivaient sans remords leur penchant amoureux ;
1240 Tous les jours se levaient clairs et sereins pour eux !
Et moi, triste rebut de la nature entière,
Je me cachais au jour, je fuyais la lumière ;
La mort est le seul dieu que j'osais implorer.
J'attendais le moment où j'allais expirer ;
1245 Me nourrissant de fiel[4], de larmes abreuvée,
Encor, dans mon malheur de trop près observée,
Je n'osais dans mes pleurs me noyer à loisir.
Je goûtais en tremblant ce funeste plaisir ;
Et, sous un front serein déguisant mes alarmes[5],
1250 Il fallait bien souvent me priver de mes larmes.

ŒNONE

Quel fruit recevront-ils de leurs vaines amours ?
Ils ne se verront plus.

---

1. *Essai* : aperçu.
2. *Furtive* : secrète.
3. *Licence* : ici, liberté.
4. *Fiel* : amertume.
5. *Mes alarmes* : mon désespoir.

PHÈDRE

Ils s'aimeront toujours !
Au moment que je parle, ah ! mortelle pensée !
Ils bravent la fureur d'une amante insensée !
1255 Malgré ce même exil[1] qui va les écarter[2],
Ils font mille serments de ne se point quitter.
Non, je ne puis souffrir un bonheur qui m'outrage,
Œnone, prends pitié de ma jalouse rage.
Il faut perdre Aricie ; il faut de mon époux
1260 Contre un sang odieux réveiller le courroux :
Qu'il ne se borne pas à des peines légères !
Le crime de la sœur passe celui des frères.
Dans mes jaloux transports je le veux implorer.
Que fais-je ? Où ma raison se va-t-elle égarer ?
1265 Moi jalouse ! Et Thésée est celui que j'implore !
Mon époux est vivant, et moi je brûle encore !
Pour qui ? Quel est le cœur où prétendent mes vœux ?
Chaque mot sur mon front fait dresser mes cheveux.
Mes crimes désormais ont comblé la mesure :
1270 Je respire à la fois l'inceste et l'imposture ;
Mes homicides mains, promptes à me venger
Dans le sang innocent brûlent de se plonger.
Misérable ! et je vis ! et je soutiens la vue
De ce sacré soleil dont je suis descendue !
1275 J'ai pour aïeul le père et le maître des dieux ;
Le ciel, tout l'univers est plein de mes aïeux ;
Où me cacher ? Fuyons dans la nuit infernale[3].
Mais que dis-je ? mon père y tient l'urne fatale[4] ;
Le sort, dit-on, l'a mise en ses sévères mains :
1280 Minos juge aux enfers tous les pâles humains[5].

---

1. *Ce même exil* : cet exil même.
2. *Écarter* : séparer.
3. *Infernale* : des Enfers.
4. *L'urne fatale* : urne où l'on tirait le sort des morts pour les juger.
Voir *l'Énéide* (VI, 432) : « Minos préside et agite l'urne. »
5. *Les pâles humains* : les ombres des vivants, les morts.

Ah ! combien frémira son ombre épouvantée,
Lorsqu'il verra sa fille à ses yeux présentée,
Contrainte d'avouer tant de forfaits divers,
Et des crimes peut-être inconnus aux enfers !
1285 Que diras-tu, mon père, à ce spectacle horrible ?
Je crois voir de ta main tomber l'urne terrible ;
Je crois te voir, cherchant un supplice nouveau,
Toi-même de ton sang devenir le bourreau.
Pardonne : un dieu cruel[1] a perdu ta famille ;
1290 Reconnais sa vengeance aux fureurs de ta fille.
Hélas ! du crime affreux dont la honte me suit,
Jamais mon triste cœur n'a recueilli le fruit[2] :
Jusqu'au dernier soupir de malheurs poursuivie
Je rends dans les tourments une pénible vie.

ŒNONE

1295 Eh ! repoussez, madame, une injuste terreur !
Regardez d'un autre œil une excusable erreur.
Vous aimez. On ne peut vaincre sa destinée :
Par un charme fatal vous fûtes entraînée.
Est-ce donc un prodige inouï parmi nous ?
1300 L'amour n'a-t-il encor triomphé que de vous ?
La faiblesse aux humains n'est que trop naturelle :
Mortelle, subissez le sort d'une mortelle.
Vous vous plaignez d'un joug imposé dès[3] longtemps :
Les dieux mêmes, les dieux de l'Olympe[4] habitants,
1305 Qui d'un bruit si terrible épouvantent les crimes[5],
Ont brûlé quelquefois de feux illégitimes.

PHÈDRE

Qu'entends-je ! Quels conseils ose-t-on me donner ?

---

1. *Un dieu cruel* : Vénus, ou Aphrodite.
2. *N'a recueilli le fruit* : n'a eu la jouissance.
3. *Dès* : depuis.
4. *Olympe* : montagne de la Grèce où résidaient les dieux.
5. *D'un bruit ... crimes* : inspirent l'épouvante des crimes par la notoriété des châtiments qu'ils leur infligent.

121

Burin de Paul Lemagny, 1949. (D.R.).
Bibliothèque nationale, Paris.

Ainsi donc jusqu'au bout tu veux m'empoisonner,
Malheureuse ! voilà comme tu m'as perdue ;
1310 Au jour que je fuyais c'est toi qui m'as rendue.
Tes prières m'ont fait oublier mon devoir ;
J'évitais Hippolyte ; et tu me l'as fait voir.
De quoi te chargeais-tu ? Pourquoi ta bouche impie
A-t-elle, en l'accusant, osé noircir sa vie ?
1315 Il en mourra peut-être, et d'un père insensé
Le sacrilège vœu[1] peut-être est exaucé.
Je ne t'écoute plus. Va-t'en, monstre exécrable !
Va, laisse-moi le soin de mon sort déplorable.
Puisse le juste ciel dignement te payer !
1320 Et puisse ton supplice à jamais effrayer
Tous ceux qui, comme toi, par de lâches adresses,
Des princes malheureux nourrissent les faiblesses,
Les poussent au penchant où leur cœur est enclin,
Et leur osent du crime aplanir le chemin !
1325 Détestables flatteurs, présent le plus funeste
Que puisse faire aux rois la colère céleste !

ŒNONE, *seule.*

Ah ! dieux ! pour la servir j'ai tout fait, tout quitté ;
Et j'en reçois ce prix ! Je l'ai bien mérité.

---

1. *Sacrilège vœu :* vœu criminel (car il repose sur une imposture, un mensonge).

Acte IV Scènes 5 et 6

LA DÉCOUVERTE D'UNE RIVALE

1. Étudiez la composition du monologue (sc. 5) et distinguez les diverses étapes de la souffrance de Phèdre. Vous ferez une analyse précise de l'emploi des temps, des procédés stylistiques (anaphores, répétitions, allitérations, etc.) qui rythment ce texte et lui donnent toute sa force.

LES « JALOUX TRANSPORTS »

2. Relevez les jeux d'échos provoqués par les allitérations et les assonances des vers 1225 à 1230 et décrivez la tonalité qu'ils donnent à ce passage.

3. Répertoriez les « visions » de Phèdre.

4. Quels sont les procédés stylistiques qui rendent insoutenable pour Phèdre l'image des amants heureux ? Pourquoi ne sont-ils jamais désignés par leurs noms, mais par le pronom personnel « ils » ? Quel(s) effet(s) produit la répétition de ce pronom ?

5. Analysez les évocations du jour et de la lumière. À quels autres vers peut-on comparer les vers 1240 et 1242 ?

6. Pourquoi le vers 1252 est-il particulièrement fort ? Étudiez ses qualités stylistiques, sa place dans le discours, etc.

7. Relevez les signes d'un délire de persécution dans le discours de Phèdre. Vous analyserez le choix des verbes, l'emploi des temps passé, présent et futur, ainsi que les effets rythmiques et sonores qui trahissent l'agressivité croissante de Phèdre, jusqu'à la démence.

8. Pourquoi, dans la longue tirade de Phèdre, le premier hémistiche du vers 1259 apparaît-il comme particulièrement brutal ?

LA DESCENTE AUX ENFERS

À la volonté acharnée de « perdre » Aricie succède tout à coup un sentiment de culpabilité qui entraîne Phèdre dans une vision apocalyptique de son avenir.

9. Comment, d'après vous, une actrice devrait-elle prononcer les vers 1264 à 1269 ? Indiquez quelles respirations, quelles exclamations mettre en valeur, quel rythme adopter, à quels moments monter ou baisser la voix, etc.

10. Étudiez les vers 1270 à 1272 : rimes intérieures, sonorités, rythme, etc. Quelle est l'atmosphère de ce passage ? Quel peut être le rôle du vers 1273 ? Quel effet produit-il ?

11. La thématique symbolique des vers 1275 à 1289, lorsque la vision de Phèdre s'élargit à tout l'univers : pourquoi ce passage a-t-il été souvent l'objet d'interprétations religieuse et/ou psychanalytique ?

12. Étudiez attentivement le rythme des quatre derniers vers de la tirade de Phèdre (v. 1291 à 1294) et montrez comment Racine met en évidence l'anéantissement progressif de Phèdre.

Sur l'ensemble de l'acte IV

1. L'action s'organise et rebondit grâce à deux éléments essentiels. Lesquels ?

2. Étudiez l'effet de resserrement dramatique et l'accélération de l'action. Quels en sont les ressorts (personnages présents ou absents sur scène, coup[s] de théâtre, alternance des tirades, etc.) ?

3. À la fureur de Thésée dans les trois premières scènes répond celle de Phèdre dans les trois dernières. Étudiez ces effets de symétrie et les décalages existants.

4. Les dieux et le surnaturel sont de plus en plus évoqués au cours de cet acte. Quel(s) sentiment(s) cette présence peut-elle éveiller chez le spectateur ?

Burin de Paul Lemagny, 1949. (D.R.).
Bibliothèque nationale, Paris.

Acte V

SCÈNE PREMIÈRE. HIPPOLYTE, ARICIE, ISMÈNE.

ARICIE

Quoi ! vous pouvez vous taire en ce péril extrême ?
330 Vous laissez dans l'erreur un père qui vous aime ?
Cruel, si, de mes pleurs méprisant le pouvoir,
Vous consentez sans peine à ne me plus revoir,
Partez ; séparez-vous de la triste Aricie ;
Mais du moins en partant assurez votre vie,
335 Défendez votre honneur d'un reproche honteux,
Et forcez votre père à révoquer[1] ses vœux :
Il en est temps encor. Pourquoi, par quel caprice,
Laissez-vous le champ libre à votre accusatrice ?
Éclaircissez[2] Thésée.

HIPPOLYTE

                Eh ! que n'ai-je point dit !
340 Ai-je dû[3] mettre au jour l'opprobre de son lit ?
Devais-je, en lui faisant un récit trop sincère,
D'une indigne rougeur couvrir le front d'un père ?
Vous seule avez percé ce mystère odieux.
Mon cœur pour s'épancher n'a que vous et les dieux.
345 Je n'ai pu vous cacher, jugez si je vous aime,
Tout ce que je voulais me cacher à moi-même.
Mais songez sous quel sceau[4] je vous l'ai révélé :
Oubliez, s'il se peut, que je vous ai parlé,

---

1. *Révoquer* : annuler.
2. *Éclaircissez* : éclairez, informez clairement.
3. *Ai-je dû* : aurais-je dû (latinisme).
4. *Quel sceau* : sceau du secret.

Madame ; et que jamais une bouche si pure
1350 Ne s'ouvre pour conter cette horrible aventure.
Sur[1] l'équité des dieux osons nous confier[2] ;
Ils ont trop d'intérêt à me justifier :
Et Phèdre, tôt ou tard de son crime punie,
N'en saurait éviter la juste ignominie.
1355 C'est l'unique respect que j'exige de vous.
Je permets tout le reste à mon libre courroux :
Sortez de l'esclavage où vous êtes réduite ;
Osez me suivre, osez accompagner ma fuite ;
Arrachez-vous d'un lieu funeste et profané
1360 Où la vertu respire un air empoisonné ;
Profitez, pour cacher votre prompte retraite[3],
De la confusion que ma disgrâce y jette.
Je vous puis de la fuite assurer les moyens :
Vous n'avez jusqu'ici de gardes que les miens ;
1365 De puissants défenseurs prendront notre querelle[4] ;
Argos nous tend les bras, et Sparte[5] nous appelle :
À nos amis communs portons nos justes cris ;
Ne souffrons pas que Phèdre, assemblant nos débris[6],
Du trône paternel nous chasse l'un et l'autre,
1370 Et promette à son fils ma dépouille et la vôtre.
L'occasion est belle, il la faut embrasser...
Quelle peur vous retient ? Vous semblez balancer[7] !
Votre seul intérêt m'inspire cette audace :
Quand je suis tout de feu, d'où vous vient cette glace ?
1375 Sur les pas d'un banni craignez-vous de marcher ?

---

1. *Sur* : à.
2. *Nous confier* : donner notre confiance.
3. *Retraite* : départ.
4. *Querelle* : parti, défense.
5. *Argos ... Sparte* : depuis Trézène, la route de Sparte passe par
Argos (voir p. 16). Banni d'Athènes et de ses fiefs, Hippolyte doit
logiquement se réfugier dans ces villes.
6. *Nos débris* : nos patrimoines, nos héritages respectifs.
7. *Balancer* : hésiter.

ARICIE

Hélas ! qu'un tel exil, seigneur, me serait cher !
Dans quels ravissements, à votre sort liée,
Du reste des mortels je vivrais oubliée !
Mais, n'étant point unis par un lien si doux,
1380 Me puis-je avec honneur dérober[1] avec vous ?
Je sais que, sans blesser l'honneur le plus sévère,
Je me puis affranchir des mains de votre père :
Ce n'est point m'arracher du sein de mes parents ;
Et la fuite est permise à qui fuit ses tyrans.
1385 Mais vous m'aimez, seigneur ; et ma gloire alarmée...

HIPPOLYTE

Non, non, j'ai trop de soin de votre renommée.
Un plus noble dessein m'amène devant vous :
Fuyez vos ennemis, et suivez votre époux.
Libres dans nos malheurs, puisque le ciel l'ordonne,
1390 Le don de notre foi[2] ne dépend de personne.
L'hymen n'est point toujours entouré de flambeaux[3].
Aux portes de Trézène et parmi ces tombeaux,
Des princes de ma race antiques sépultures,
Est un temple sacré formidable aux[4] parjures.
1395 C'est là que les mortels n'osent jurer en vain :
Le perfide y reçoit un châtiment soudain ;
Et, craignant d'y trouver la mort inévitable,
Le mensonge n'a point de frein plus redoutable.
Là, si vous m'en croyez, d'un amour éternel
1400 Nous irons confirmer le serment solennel ;
Nous prendrons à témoin le dieu qu'on y révère ;
Nous le prierons tous deux de nous servir de père.
Des dieux les plus sacrés j'attesterai[5] le nom,

---

1. *Me ... dérober* : m'enfuir.
2. *Foi* : ici, promesse solennelle de mariage.
3. *Flambeaux* : dans l'Antiquité, en Grèce et à Rome, les mariages
étaient célébrés le soir à la lumière des flambeaux.
4. *Formidable aux* : redoutable pour les.
5. *J'attesterai* : je prendrai à témoin.

Et la chaste Diane, et l'auguste Junon,
1405 Et tous les dieux enfin, témoins de mes tendresses,
Garantiront la foi de mes saintes promesses.

ARICIE

Le roi vient : fuyez, prince, et partez promptement.
Pour cacher mon départ je demeure un moment.
Allez ; et laissez-moi quelque fidèle guide,
1410 Qui conduise vers vous ma démarche timide[1].

SCÈNE 2. THÉSÉE, ARICIE, ISMÈNE.

THÉSÉE

Dieux ! éclairez mon trouble, et daignez à mes yeux
Montrer la vérité, que je cherche en ces lieux !

ARICIE

Songe à tout, chère Ismène, et sois prête à la fuite.

SCÈNE 3. THÉSÉE, ARICIE.

THÉSÉE

Vous changez de couleur, et semblez interdite,
1415 Madame : que faisait Hippolyte en ce lieu ?

ARICIE

Seigneur, il me disait un éternel adieu.

---

1. *Démarche timide :* marche craintive.

THÉSÉE

Vos yeux ont su dompter ce rebelle courage ;
Et ses premiers soupirs sont votre heureux ouvrage.

ARICIE

Seigneur, je ne vous puis nier la vérité :
1420 De votre injuste haine il n'a pas hérité ;
Il ne me traitait point comme une criminelle.

THÉSÉE

J'entends : il vous jurait une amour éternelle[1].
Ne vous assurez point sur[2] ce cœur inconstant ;
Car à d'autres que vous il en jurait autant.

ARICIE

1425 Lui, seigneur ?

THÉSÉE

　　　　Vous deviez[3] le rendre moins volage :
Comment souffriez-vous cet horrible partage ?

ARICIE

Et comment souffrez-vous que d'horribles discours
D'une si belle vie osent noircir le cours ?
Avez-vous de son cœur si peu de connaissance ?
1430 Discernez-vous si mal le crime et l'innocence ?
Faut-il qu'à vos yeux seuls un nuage odieux
Dérobe sa vertu qui brille à tous les yeux !
Ah ! c'est trop le livrer à des langues perfides.
Cessez : repentez-vous de vos vœux homicides ;
1435 Craignez, seigneur, craignez que le ciel rigoureux
Ne vous haïsse assez pour exaucer vos vœux.
Souvent dans sa colère il reçoit nos victimes :
Ses présents sont souvent la peine de nos crimes.

---

1. *Amour éternelle* : amour s'employait indifféremment au masculin
ou au féminin au XVIIᵉ siècle, même au singulier.
2. *Ne vous assurez point sur* : ne vous fiez pas à.
3. *Deviez* : auriez dû.

THÉSÉE

Non, vous voulez en vain couvrir son attentat :
1440 Votre amour vous aveugle en faveur de l'ingrat.
Mais j'en crois des témoins certains, irréprochables :
J'ai vu, j'ai vu couler des larmes véritables.

ARICIE

Prenez garde, seigneur : vos invincibles mains
Ont de monstres sans nombre affranchi les humains ;
1445 Mais tout n'est pas détruit, et vous en laissez vivre
Un... Votre fils, seigneur, me défend de poursuivre.
Instruite du respect qu'il veut vous conserver,
Je l'affligerais trop si j'osais achever.
J'imite sa pudeur, et fuis votre présence
1450 Pour n'être pas forcée à rompre le silence.

SCÈNE 4. THÉSÉE.

Quelle est donc sa pensée ? et que cache un discours
Commencé tant de fois, interrompu toujours ?
Veulent-ils m'éblouir[1] par une feinte vaine ?
Sont-ils d'accord tous deux pour me mettre à la gêne[2] ?
1455 Mais moi-même, malgré ma sévère rigueur,
Quelle plaintive voix crie au fond de mon cœur ?
Une pitié secrète et m'afflige et m'étonne.
Une seconde fois interrogeons Œnone :
Je veux de tout le crime être mieux éclairci.
1460 Gardes, qu'Œnone sorte, et vienne seule ici.

---

1. *Éblouir* : leurrer.
2. *Gêne* : torture.

132

SCÈNE 5. THÉSÉE, PANOPE.

PANOPE

J'ignore le projet que la reine médite,
Seigneur ; mais je crains tout du transport qui l'agite.
Un mortel désespoir sur son visage est peint ;
La pâleur de la mort est déjà sur son teint.
1465 Déjà, de sa présence, avec honte chassée,
Dans la profonde mer Œnone s'est lancée.
On ne sait point d'où part ce dessein furieux[1] ;
Et les flots pour jamais l'ont ravie à nos yeux.

THÉSÉE

Qu'entends-je ?

PANOPE

       Son trépas n'a point calmé la reine ;
1470 Le trouble semble croître en son âme incertaine.
Quelquefois, pour flatter[2] ses secrètes douleurs,
Elle prend ses enfants et les baigne de pleurs ;
Et soudain, renonçant à l'amour maternelle,
Sa main avec horreur les repousse loin d'elle ;
1475 Elle porte au hasard ses pas irrésolus ;
Son œil tout égaré ne nous reconnaît plus ;
Elle a trois fois écrit ; et, changeant de pensée,
Trois fois elle a rompu[3] sa lettre commencée.
Daignez la voir, seigneur ; daignez la secourir.

THÉSÉE

1480 Ô ciel ! Œnone est morte, et Phèdre veut mourir !
Qu'on rappelle mon fils, qu'il vienne se défendre ;

Qu'il vienne me parler, je suis prêt de l'entendre.
Ne précipite point tes funestes bienfaits,

---

1. *Dessein furieux* : décision folle.
2. *Flatter* : apaiser.
3. *Rompu* : déchiré.

Neptune ; j'aime mieux n'être exaucé jamais.
1485 J'ai peut-être trop cru des témoins peu fidèles[1],
Et j'ai trop tôt vers toi levé mes mains cruelles.
Ah ! de quel désespoir mes vœux seraient suivis !

---

1. *Fidèles* : sûrs.

Acte V Scènes 1 à 5

LA STRUCTURE DRAMATIQUE

1. Montrez que la scène 1 est un moment de détente entre la fin très sombre de l'acte IV et le dénouement de la tragédie. Cela tient-il aux personnages d'Hippolyte et d'Aricie ? à la nature de leurs sentiments et à leur expression ? Justifiez votre réponse en citant le texte.
À votre avis, quel peut-être l'intérêt de cette scène dans le mouvement général de la pièce ?

2. Quelle est l'utilité dramatique des deux interventions de Thésée (aparté de la scène 2, monologue de la scène 4) ? Celle de la confrontation de Thésée et Aricie (sc. 3) ?

3. On apprend dans la scène 5 qu'Œnone s'est suicidée. Quel effet l'annonce de cette première mort a-t-elle sur Thésée ? Que laisse-t-elle supposer pour l'évolution de l'action ?

LES PERSONNAGES

4. En étudiant la scène 1, montrez l'originalité d'Aricie par rapport aux autres personnages de la pièce. Citez le texte.

5. Quel aspect nouveau du personnage d'Aricie révèle la scène 3 ?
Vous étudierez en détail le rythme de ses répliques, leur ampleur, la retenue du discours, etc., pour étayer votre réponse.

6. Proposez une direction d'acteurs (intonations, gestes, mouvements) pour la scène 3, afin de mettre en valeur l'évolution des relations entre Thésée et Aricie.

7. À l'aide de citations du texte, montrez que Thésée perd de plus en plus le contrôle de la situation à mesure que le dénouement tragique approche.
Vous pourrez faire un parallèle entre Thésée et Phèdre dans leurs comportements face aux événements, ainsi que dans leurs « relations » avec les divinités.

8. En vous référant à la scène 4 de l'acte I, vous définirez le rôle de Panope.

LA PRÉSENCE DIVINE

9. Relevez dans ces cinq scènes les différentes évocations des dieux. Leur fréquence est-elle croissante ? Le mode d'évocation a-t-il évolué ? Tirez les conclusions de vos observations.

10. Discutez cette affirmation de Roland Barthes (voir p. 199) à propos du vers 1394 : « La divinité cachée de *Phèdre* n'est pas Vénus, ni le Soleil, c'est ce " Dieu formidable aux parjures " dont le temple se dresse aux portes de Trézène. »

SCÈNE 6. THÉSÉE, THÉRAMÈNE.

THÉSÉE

Théramène, est-ce toi ? Qu'as-tu fait de mon fils ?
Je te l'ai confié dès l'âge le plus tendre.
1490 Mais d'où naissent les pleurs que je te vois répandre ?
Que fait mon fils ?

THÉRAMÈNE

Ô soins tardifs et superflus !
Inutile tendresse ! Hippolyte n'est plus.

THÉSÉE

Dieux !

THÉRAMÈNE

J'ai vu des mortels périr le plus aimable,
Et j'ose dire encor, seigneur, le moins coupable.

THÉSÉE

1495 Mon fils n'est plus ! Eh quoi ! quand je lui tends les bras,
Les dieux impatients ont hâté son trépas !
Quel coup me l'a ravi ? quelle foudre soudaine ?

THÉRAMÈNE

À peine nous sortions des portes de Trézène,
Il était sur son char ; ses gardes affligés
1500 Imitaient son silence, autour de lui rangés ;
Il suivait tout pensif le chemin de Mycènes ;
Sa main sur les chevaux laissait flotter les rênes ;
Ses superbes coursiers, qu'on voyait autrefois
Pleins d'une ardeur si noble obéir à sa voix,
1505 L'œil morne maintenant, et la tête baissée,
Semblaient se conformer à sa triste pensée.
Un effroyable cri, sorti du fond des flots,
Des airs en ce moment a troublé le repos ;
Et, du sein de la terre, une voix formidable
1510 Répond en gémissant à ce cri redoutable.
Jusqu'au fond de nos cœurs notre sang s'est glacé ;
Des coursiers attentifs le crin s'est hérissé.

137

Cependant, sur le dos de la plaine liquide,
S'élève à gros bouillons une montagne humide ;
1515 L'onde approche, se brise, et vomit à nos yeux,
Parmi des flots d'écume, un monstre furieux.
Son front large est armé de cornes menaçantes ;
Tout son corps est couvert d'écailles jaunissantes ;
Indomptable taureau, dragon impétueux,
1520 Sa croupe se recourbe en replis tortueux ;
Ses longs mugissements font trembler le rivage.
Le ciel avec horreur voit ce monstre sauvage ;
La terre s'en émeut, l'air en est infecté ;
Le flot qui l'apporta recule épouvanté.
1525 Tout fuit ; et, sans s'armer d'un courage inutile,
Dans le temple voisin chacun cherche un asile.
Hippolyte lui seul, digne fils d'un héros,
Arrête ses coursiers, saisit ses javelots,
Pousse au[1] monstre, et d'un dard lancé d'une main sûre,
1530 Il lui fait dans le flanc une large blessure.
De rage et de douleur le monstre bondissant
Vient aux pieds des chevaux tomber en mugissant,
Se roule, et leur présente une gueule enflammée
Qui les couvre de feu, de sang et de fumée.
1535 La frayeur les emporte ; et, sourds à cette fois,
Ils ne connaissent plus ni le frein ni la voix ;
En efforts impuissants leur maître se consume,
Ils rougissent le mors d'une sanglante écume.
On dit qu'on a vu même, en ce désordre affreux,
1540 Un dieu[2] qui d'aiguillons pressait leur flanc poudreux.
À travers les rochers la peur les précipite ;
L'essieu crie et se rompt : l'intrépide Hippolyte
Voit voler en éclats tout son char fracassé ;
Dans les rênes lui-même, il tombe embarrassé[3].
1545 Excusez ma douleur : cette image cruelle

---

1. *Pousse au* : marche droit sur le.
2. *Un dieu* : Neptune.
3. *Embarrassé* : empêtré.

Sera pour moi de pleurs une source éternelle.
J'ai vu, seigneur, j'ai vu votre malheureux fils
Traîné par les chevaux que sa main a nourris.
Il veut les rappeler, et sa voix les effraie ;
1550 Ils courent : tout son corps n'est bientôt qu'une plaie.
De nos cris douloureux la plaine retentit.
Leur fougue impétueuse enfin se ralentit :
Ils s'arrêtent non loin de ces tombeaux antiques
Où des rois ses aïeux sont les froides reliques[1].
1555 J'y cours en soupirant, et sa garde me suit :
De son généreux sang la trace nous conduit ;
Les rochers en sont teints ; les ronces dégouttantes[2]
Portent de ses cheveux les dépouilles sanglantes.
J'arrive, je l'appelle ; et, me tendant la main,
1560 Il ouvre un œil mourant qu'il referme soudain :
« Le ciel, dit-il, m'arrache une innocente vie.
Prends soin après ma mort de la triste Aricie.
Cher ami, si mon père un jour désabusé[3]
Plaint le malheur d'un fils faussement accusé,
1565 Pour apaiser mon sang et mon ombre plaintive,
Dis-lui qu'avec douceur il traite sa captive ;
Qu'il lui rende... » À ce mot, ce héros expiré[4]
N'a laissé dans mes bras qu'un corps défiguré :
Triste objet où des dieux triomphe la colère,
1570 Et que méconnaîtrait[5] l'œil même de son père.

THÉSÉE

Ô mon fils ! cher espoir que je me suis ravi !
Inexorables dieux, qui m'avez trop servi !
À quels mortels regrets ma vie est réservée !

---

1. *Reliques* : restes.
2. *Dégouttantes* : dégoulinantes de sang.
3. *Désabusé* : détrompé.
4. *Expiré* : après avoir expiré.
5. *Méconnaîtrait* : ne reconnaîtrait pas.

THÉRAMÈNE

La timide Aricie est alors arrivée :
1575 Elle venait, seigneur, fuyant votre courroux,
À la face des dieux l'accepter pour époux ;
Elle approche ; elle voit l'herbe rouge et fumante ;
Elle voit (quel objet pour les yeux d'une amante !)
Hippolyte étendu, sans forme et sans couleur.
1580 Elle veut quelque temps douter de son malheur ;
Et, ne connaissant[1] plus ce héros qu'elle adore,
Elle voit Hippolyte, et le demande encore.
Mais, trop sûre à la fin qu'il est devant ses yeux,
Par un triste regard elle accuse les dieux ;
1585 Et froide, gémissante, et presque inanimée,
Aux pieds de son amant elle tombe pâmée[2].
Ismène est auprès d'elle ; Ismène, tout en pleurs,
La rappelle à la vie, ou plutôt aux douleurs.
Et moi, je suis venu, détestant la lumière[3],
1590 Vous dire d'un héros la volonté dernière,
Et m'acquitter, seigneur, du malheureux emploi[4]
Dont son cœur expirant s'est reposé sur moi.
Mais j'aperçois venir sa mortelle ennemie.

1. *Connaissant* : reconnaissant.
2. *Pâmée* : évanouie.
3. *Lumière* : vie.
4. *Emploi* : mission.

Acte V Scène 6

LA FONCTION DU RÉCIT

1. Pourquoi la mort d'Hippolyte fait-elle l'objet d'un récit et non d'une représentation sur scène ? Est-ce seulement pour se conformer à une règle de la tragédie classique ou bien Racine vise-t-il un effet ? Si oui, lequel ?

2. Pourquoi est-ce Théramène qui fait ce récit, et non Panope qui a déjà été deux fois la messagère de la mort ?

3. Quelle étape ce récit marque-t-il vers le dénouement ?

L'EXPRESSION

4. Quel est le principe d'organisation de ce récit ?

5. Dégagez le plan du récit, les différentes phases rythmiques et les pauses qui les séparent.

6. Notez les effets de « crescendo » et de « diminuendo » qui scandent le récit.

7. Relevez les vers qui s'organisent en quatrains et en tercets. Peut-on dire que le récit de Théramène est un poème épique ? Si oui, pourquoi ?

8. Répertoriez les allitérations utilisées par Racine pour créer des rimes intérieures et des jeux d'échos. Étudiez les effets de continuité sonore ainsi produits. Vous montrerez, notamment, que les allitérations en « i » marquent souvent un changement et une accélération de rythme.

9. Quel effet produit la personnification des éléments (v. 1522 à 1525) ?

10. Analysez les mots employés pour décrire le corps d'Hippolyte (v. 1550 à 1570). À quel registre lexical et symbolique appartiennent-ils ?

11. Commentez précisément les vers 1556 à 1558.

SCÈNE 7. THÉSÉE, PHÈDRE, THÉRAMÈNE, PANOPE, GARDES.

THÉSÉE

Eh bien ! vous triomphez, et mon fils est sans vie !
1595 Ah ! que j'ai lieu de craindre ; et qu'un cruel soupçon
L'excusant dans mon cœur, m'alarme avec raison !
Mais, madame, il est mort, prenez votre victime ;
Jouissez de sa perte, injuste ou légitime :
Je consens que mes yeux soient toujours abusés.
1600 Je le crois criminel, puisque vous l'accusez.
Son trépas à mes pleurs offre assez de matières
Sans que j'aille chercher d'odieuses lumières,
Qui, ne pouvant le rendre à ma juste douleur,
Peut-être ne feraient qu'accroître mon malheur.
1605 Laissez-moi, loin de vous, et loin de ce rivage,
De mon fils déchiré fuir la sanglante image.
Confus[1], persécuté d'[2] un mortel souvenir,
De l'univers entier, je voudrais me bannir.
Tout semble s'élever contre mon injustice ;
1610 L'éclat de mon nom même augmente mon supplice :
Moins connu des mortels, je me cacherais mieux.
Je hais jusques aux soins dont m'honorent les dieux ;
Et je m'en vais pleurer leurs faveurs meurtrières,
Sans plus les fatiguer d'inutiles prières.
1615 Quoi qu'ils fissent pour moi, leur funeste bonté
Ne me saurait payer de ce qu'ils m'ont ôté.

PHÈDRE

Non, Thésée, il faut rompre un injuste silence ;
Il faut à votre fils rendre son innocence :
Il n'était point coupable.

---

1. *Confus :* honteux.
2. *Persécuté de :* poursuivi, hanté par.

Phèdre (Marie Bell). Mise en scène de Jean-Louis Barrault.
Théâtre du Gymnase, 1965.

THÉSÉE

Ah ! père infortuné !
1620 Et c'est sur votre foi que je l'ai condamné !
Cruelle ! pensez-vous être assez excusée...

PHÈDRE

Les moments me sont chers[1] ; écoutez-moi, Thésée.
C'est moi qui sur ce fils chaste et respectueux
Osai jeter un œil profane, incestueux.
1625 Le ciel mit dans mon sein une flamme funeste :
La détestable Œnone a conduit tout le reste.
Elle a craint qu'Hippolyte, instruit de ma fureur,
Ne découvrît[2] un feu qui lui faisait horreur :
La perfide, abusant de ma faiblesse extrême,
1630 S'est hâtée à vos yeux, de l'accuser lui-même.
Elle s'en est punie, et, fuyant mon courroux,
A cherché dans les flots un supplice trop doux.
Le fer aurait déjà tranché ma destinée ;
Mais je laissais gémir la vertu soupçonnée :
1635 J'ai voulu, devant vous, exposant[3] mes remords,
Par un chemin plus lent descendre chez les morts.
J'ai pris, j'ai fait couler dans mes brûlantes veines
Un poison que Médée apporta dans Athènes.
Déjà jusqu'à mon cœur le venin parvenu
1640 Dans ce cœur expirant jette un froid inconnu ;
Déjà je ne vois plus qu'à travers un nuage
Et le ciel et l'époux que ma présence outrage ;
Et la mort, à mes yeux dérobant la clarté,
Rend au jour qu'ils souillaient toute sa pureté.

PANOPE

1645 Elle expire, seigneur !

---

1. *Chers* : précieux (car ils sont comptés).
2. *Découvrît* : dévoilât.
3. *Exposant* : révélant.

THÉSÉE
D'une action si noire
Que ne peut avec elle expirer la mémoire !
Allons, de mon erreur, hélas ! trop éclaircis,
Mêler nos pleurs au sang de mon malheureux fils !
Allons de ce cher fils embrasser ce qui reste,
1650 Expier la fureur d'un vœu que je déteste :
Rendons-lui les honneurs qu'il a trop mérités ;
Et, pour mieux apaiser ses mânes[1] irrités,
Que, malgré les complots d'une injuste famille[2],
Son amante aujourd'hui me tienne lieu de fille !

Racine.

---

1. _Mânes_ : esprit, âme des morts.
2. _Injuste famille_ : les Pallantides.

Acte V Scène 7

L'AVEU FINAL

1. Relevez dans les propos de Thésée ses refus de connaître la vérité.

2. Étudiez les ambiguïtés de la confession de Phèdre. Pourquoi distingue-t-elle la pensée du crime du crime lui-même ?

3. Quel effet produit l'organisation en distiques (voir p. 204) de la tirade de Phèdre ? Comment diriez-vous ces vers ?

4. Analysez le rythme des six derniers vers prononcés par Phèdre (césures, effets d'écho, assonances, répétitions, etc.). Quels effets produisent l'anaphore (voir p. 201) des vers 1639 et 1641, la répétition du mot « cœur » (v. 1639-1640), de la conjonction « que » (v. 1641-1642), etc. ?

5. Par quels mots se terminent les deux derniers vers de la tirade de Phèdre ? Quel mot lui oppose Thésée (v. 1645) ? Peut-on voir dans ce final un raccourci d'un des thèmes récurrents de l'œuvre ? Quelle en est la symbolique (n'oubliez pas l'ascendance de Phèdre, notamment, pour étayer votre explication).

6. Montrez que le thème du regard trouve son aboutissement dans les derniers vers prononcés par Phèdre.

LE DÉNOUEMENT

7. Alors que la mort d'Œnone et celle d'Hippolyte ont lieu dans les coulisses et font l'objet de récits, pourquoi, à votre avis, Racine fait-il mourir Phèdre sur scène ? Le suicide n'a-t-il rien qui choque les « bienséances » ? Justifiez votre réponse.

8. Quelle valeur symbolique peut avoir ici le choix du poison ?

9. Pourquoi Thésée doit-il, lui aussi, expier une faute ?

10. Qu'apporte la réconciliation de Thésée et Aricie au dénouement de la tragédie ?

11. Dans la mise en scène de Jean-Louis Barrault, Panope recouvrait lentement d'un voile le visage de Phèdre, en même temps que le rideau du théâtre descendait. Qu'en pensez-vous ?

Sur l'ensemble de l'acte V

1. Distinguez les différentes étapes du dénouement tragique.

2. La mort d'Hippolyte est-elle nécessaire au dénouement ? celle d'Œnone ? Justifiez vos réponses.

3. Définissez le rôle de Thésée dans l'acte V et dans l'ensemble de la pièce. Qu'est-ce qui le distingue radicalement des autres personnages ?

4. Faites une étude approfondie des thèmes de la lumière, du silence et des monstres dans l'acte V.

5. Comment Racine maintient-il l'intérêt dramatique jusqu'à la fin de la pièce, alors que l'acte V n'apporte aucun élément nouveau ?

La Naissance de Vénus (détail),
de Botticelli (1445-1510). Galerie des Offices, Florence.

Documentation thématique

Index des thèmes principaux
de *Phèdre*, p. 150

Le premier regard :
récits au passé, p. 153

Index des thèmes principaux de *Phèdre*

Adultère : v. 310, 350-52, 663-64, 673-80, 702, 832-33, 841, 850-57, 873-74, 979-80, 1037, 1146-49, 1164, 1283-84, 1306, 1340, 1353.

Chagrin, douleur : v. 33, 37, 148-149, 161, 232, 255, 278, 294, 345-46, 473, 715, 753, 843-44, 858-59, 1041-42, 1111, 1173, 1225-30, 1294, 1463, 1545-46, 1571-73, 1601-1616.

Charme, charmant : v. 137, 190, 437 (enchantée), 523, 545, 570, 639, 657, 689, 795, 915, 1116, 1231, 1298.

Crainte : v. 3, 9, 29, 48, 119, 122, 223-24, 245, 307, 333, 395, 510, 586, 592-93, 695, 870, 925, 977, 1222, 1372-75, 1435, 1462.

Crime : v. 219, 221, 241, 266, 307, 352, 851, 864, 887, 986, 1016, 1030, 1056, 1077, 1093, 1096, 1128, 1143, 1182, 1184, 1262, 1269, 1284, 1291, 1305, 1324, 1353, 1421, 1430, 1438, 1459, 1600.

Culpabilité : v. 217, 242, 354, 773, 866, 873, 986, 1027, 1166.

Enfers : v. 12, 378, 383-91, 623-26, 635-37, 965-66, 1277-88, 1636.

Fuite : v. 28, 50, 56-57, 542-45, 713, 717, 757, 874, 920, 976, 1053, 1059, 1063-64, 1083, 1277, 1310, 1358, 1376, 1384, 1388, 1525, 1575, 1606, 1611, 1631.

Fureur : v. 189, 259, 422, 672, 741, 792, 853, 989, 1015-16, 1048, 1076, 1155, 1185, 1217, 1228, 1254, 1290, 1467, 1627, 1650.

Honte : v. 4, 68, 96-97, 171, 182-83, 273, 437, 539, 554, 667-69, 676, 694, 713, 746, 762, 767, 810, 813-14, 852, 878-80, 1015, 1291, 1335, 1342.

Horreur : v. 238, 240, 260, 265, 308, 352, 718-20, 751, 848, 857, 953, 988, 1047, 1064, 1078, 1152, 1172, 1228, 1268, 1285, 1350, 1426-1427, 1474, 1511-12, 1522-24.

Inceste : v. 290, 310, 350-52, 663-64, 702, 720, 754, 873-74, 991-92, 1001-02, 1047-48, 1075-77, 1082, 1100, 1113, 1146-49, 1164, 1270, 1283-84, 1291, 1306, 1340, 1624.

Innocence : v. 55, 220, 222, 298, 347, 668, 674, 773, 893, 996, 1018, 1097, 1112, 1118, 1238, 1272, 1430, 1618.

Jour, lumière : v. 46, 149, 155, 166, 168, 172, 193, 215-16, 229, 544, 1018, 1112, 1240, 1589, 1602, 1643-44.

Monstre : v. 79, 99, 520, 649, 701-03, 884, 938, 948, 963, 970, 1045-46, 1317, 1444-46, 1516, 1522, 1529, 1531.

Mort : v. 3, 12, 44, 109, 136, 144, 146, 175, 188-89, 201, 213, 226-28, 230, 240, 242, 254-56, 258, 309, 313, 319, 324, 338, 351, 370, 378, 380, 390, 392, 427, 430, 465, 467, 469, 473, 503-04, 588, 623, 627, 632, 637, 649, 704-10, 763, 809, 827, 837-39, 857-59, 876, 896, 908, 950, 1017-18, 1057, 1075, 1086, 1157, 1177, 1243, 1253, 1259, 1271-72, 1315, 1320, 1397, 1434, 1463-64, 1468-69, 1480, acte V scène 6, 1594, 1597, 1601, 1607, 1613, 1632, 1636, 1640, 1643, 1645, 1652.

Nuit, obscurité : v. 176, 191, 193, 310, 544, 624, 920, 965-66, 978, 1069, 1182, 1236, 1242, 1277, 1310, 1589, 1602, 1641, 1643, 1645.

Puissance divine : v. 35, 61, 96, 115, 123, 157, 176, 181, 197, 211, 221, 222, 239, 257, 264, 265, 277, 285, 288, 306, 347, 377, 421, 469, 496, 512, 550, 615, 620, 637, 640, 663, 677, 679, 681, 711, 719, 727, 743, 814, 822, 967, 972, 991, 1003, 1035, 1065, 1158, 1160, 1165, 1190, 1195, 1205, 1243, 1275, 1289, 1304, 1319, 1344, 1351, 1401, 1403-05, 1411,

1435, 1484, 1493, 1496, 1540, 1561, 1569, 1572, 1576, 1584, 1612, 1625.

Regard, yeux : v. 39, 116, 134, 183-84, 192, 228-40, 273, 275, 286, 290, 354, 410-14, 436, 536-37, 545, 582, 628-29, 632, 640, 669, 674, 691-92, 718, 777, 780, 790, 813, 827, 829, 840-44, 868, 883-84, 909-10, 954, 967-68, 974, 1016-18, 1036, 1062, 1115-16, 1153-54, 1205-06, 1210, 1231-32, 1235, 1252, 1273, 1282, 1296, 1312, 1332, 1401, 1417, 1431-32, 1476, 1505, 1547, 1578, 1582-84, 1599, 1624, 1641, 1643.

Sang : v. 51, 82, 203, 212, 220, 256-57, 278, 305 (veines), 330, 421, 426, 503, 581, 680, 709, 755, 862-63, 903, 936, 1011, 1075, 1102, 1151, 1171, 1175, 1260, 1272, 1534, 1538, 1556-58, 1565, 1606, 1637 (veines), 1648.

Silence : v. 45, 136, 146, 185, 187, 225-27, 238, 252, 275, 526, 592, 720, 740, 785, 894, 1043, 1080-81, 1087-90, 1329, 1345-50, 1450, 1451-52, 1617.

Le premier regard :
récits au passé

« Je le vis, je rougis, je pâlis à sa vue... » C'est ainsi que Phèdre (I, 3, v. 273 et suivants) commence à décrire la naissance de son amour pour Hippolyte. Un seul regard a suffi pour créer le trouble dans le corps et le cœur de la femme désormais captive de sa passion.

Cet événement intime, communément nommé « coup de foudre », ne peut s'exprimer que par un récit dont la caractéristique principale est l'emploi du passé simple : « l'Éros racinien ne s'exprime jamais qu'à travers le récit. L'imagination est toujours rétrospective et le souvenir a toujours l'acuité d'une image... » (Roland Barthes, *Sur Racine*). La littérature offre de nombreux exemples de ce type de narration, quels que soient le genre choisi (récit dans le théâtre, poésie, roman...) ou l'époque. Il est remarquable que, dans tous les cas, il s'agisse d'évoquer un souvenir — lancinant en ce qui concerne Phèdre —, et peut-être faut-il y voir soit une volonté de distanciation de la part de l'auteur ou du narrateur, soit la traduction d'un moment authentiquement perçu comme irréel, appartenant au domaine du rêve.

Récits à la première personne

L'autre jour que j'estois sur le haut d'un degré,
Passant, tu m'advisas, et me tournant la veuë,
Tu m'esblouïs les yeux, tant j'avois l'ame esmeuë
De me voir en sursaut de tes yeux rencontré.

Ton regard dans le cœur, dans le sang m'est entré
Comme un esclat de foudre alors qu'il fend la nue.
J'eus de froid et de chaud la fiévre continue,
D'un si poignant regard mortellement outré.

Lors si ta belle main passant ne m'eust fait signe,
Main blanche, qui se vante estre fille d'un Cygne,
Je fusse mort, Helene, aux rayons de tes yeux.

Mais ton signe retint l'ame presque ravie,
Ton œil se contenta d'estre victorieux,
Ta main se resjouyt de me donner la vie.

> Ronsard, *Sonnets pour Hélène,* Premier Livre, IX, 1578.

Considère, mon Amour, jusqu'à quel excès tu as manqué de prévoyance. Ah ! malheureux ! tu as été trahi, et tu m'as trahie par des espérances trompeuses. Une passion sur laquelle tu avais fait tant de projets de plaisirs, ne te cause présentement qu'un mortel désespoir, qui ne peut être comparé qu'à la cruauté de l'absence qui le cause. Quoi ? cette absence, à laquelle ma douleur, toute ingénieuse qu'elle est, ne peut donner un nom assez funeste, me privera donc pour toujours de regarder ces yeux dans lesquels je voyais tant d'amour, et qui me faisaient connaître des mouvements qui me comblaient de joie, qui me tenaient lieu de toutes choses, et qui enfin me suffisaient ? Hélas ! les miens sont privés de la seule lumière qui les animait, il ne leur reste que des larmes, et je ne les ai employés à aucun usage qu'à pleurer sans cesse, depuis que j'appris que vous étiez enfin résolu à un éloignement, qui m'est si insupportable qu'il me fera mourir en peu de temps. Cependant il me semble que j'ai quelque attachement pour des malheurs dont vous êtes la seule cause : je vous ai destiné ma vie aussitôt que je vous ai vu.

> *Lettres de la religieuse portugaise*, lettre I,
> texte anonyme paru en 1669.

À une passante

La rue assourdissante autour de moi hurlait.
Longue, mince, en grand deuil, douleur majestueuse,
Une femme passa, d'une main fastueuse

Soulevant, balançant le feston et l'ourlet ;
Agile et noble, avec sa jambe de statue.
Moi, je buvais, crispé comme un extravagant,
Dans son œil, ciel livide où germe l'ouragan,
La douceur qui fascine et le plaisir qui tue.

Un éclair... puis la nuit ! — Fugitive beauté
Dont le regard m'a fait soudainement renaître,
Ne te verrai-je plus que dans l'éternité ?

Ailleurs, bien loin d'ici ! trop tard ! jamais peut-être !
Car j'ignore où tu fuis, tu ne sais où je vais,
Ô toi que j'eusse aimée, ô toi qui le savais !

Baudelaire, les Fleurs du mal, « Tableaux parisiens », XLIII, 1857.

Récits à la troisième personne

Mme de Clèves acheva de danser, et, pendant qu'elle cherchait des yeux quelqu'un qu'elle avait dessein de prendre, le roi lui cria de prendre celui qui arrivait. Elle se tourna et vit un homme qu'elle crut d'abord ne pouvoir être que M. de Nemours, qui passait par-dessus quelques sièges pour arriver où l'on dansait. Ce prince était fait d'une sorte qu'il était difficile de n'être pas surpris de le voir quand on ne l'avait jamais vu, surtout ce soir-là, où le soin qu'il avait pris de se parer augmentait encore l'air brillant qui était dans sa personne ; mais il était aussi difficile de voir Mme de Clèves pour la première fois sans avoir un grand étonnement.

M. de Nemours fut tellement surpris de sa beauté que, lorsqu'il fut proche d'elle et qu'elle lui fit la révérence, il ne put s'empêcher de donner des marques de son admiration. Quand ils commencèrent à danser, il s'éleva dans la salle un murmure de louanges. Le roi et les reines se souvinrent qu'ils ne s'étaient jamais vus et trouvèrent quelque chose de singulier de les voir danser ensemble sans se connaître. Ils les appelèrent quand ils eurent fini, sans leur donner le loisir de parler à personne et leur demandèrent s'ils n'avaient pas bien envie de savoir qui ils étaient et s'ils ne s'en doutaient point. « Pour

moi, madame, dit M. de Nemours, je n'ai pas d'incertitude ;
mais, comme Mme de Clèves n'a pas les mêmes raisons pour
deviner qui je suis que celles que j'ai pour la reconnaître, je
voudrais bien que Votre Majesté eût la bonté de lui apprendre
mon nom. — Je crois, dit Mme la Dauphine, qu'elle le sait
aussi bien que vous savez le sien. — Je vous assure, madame,
reprit Mme de Clèves, qui paraissait un peu embarrassée, que
je ne devine pas si bien que vous pensez. — Vous devinez
fort bien, répondit Mme la Dauphine ; et il y a même quelque
chose d'obligeant pour M. de Nemours à ne pas vouloir
avouer que vous le connaissez sans jamais l'avoir vu. » La
reine les interrompit pour faire continuer le bal : M. de
Nemours prit la reine Dauphine. Cette princesse était d'une
parfaite beauté et avait paru telle aux yeux de M. de Nemours,
avant qu'il allât en Flandre ; mais de tout le soir il ne put
admirer que Mme de Clèves.

Mme de La Fayette, *la Princesse de Clèves,* 1678.

Avec la vivacité et la grâce qui lui étaient naturelles quand
elle était loin des regards des hommes, Mme de Rênal sortait
par la porte-fenêtre du salon qui donnait sur le jardin, quand
elle aperçut près de la porte d'entrée la figure d'un jeune
paysan presque encore enfant, extrêmement pâle et qui venait
de pleurer. Il était en chemise bien blanche, et avait sous le
bras une veste fort propre de ratine violette.

Le teint de ce petit paysan était si blanc, ses yeux si doux,
que l'esprit un peu romanesque de Mme de Rênal eut d'abord
l'idée que ce pouvait être une jeune fille déguisée, qui venait
demander quelque grâce à M. le maire. Elle eut pitié de cette
pauvre créature, arrêtée à la porte d'entrée, et qui évidemment
n'osait pas lever la main jusqu'à la sonnette. Mme de Rênal
s'approcha, distraite un instant de l'amer chagrin que lui
donnait l'arrivée du précepteur. Julien, tourné vers la porte,
ne la voyait pas s'avancer. Il tressaillit quand une voix douce
dit tout près de son oreille :

— Que voulez-vous ici, mon enfant ?

Julien se tourna vivement, et, frappé du regard si rempli
de grâce de Mme de Rênal, il oublia une partie de sa timidité.

Bientôt, étonné de sa beauté, il oublia tout, même ce qu'il venait faire. Mme de Rênal avait répété sa question.

— Je viens pour être précepteur, Madame, lui dit-il enfin, tout honteux de ses larmes qu'il essuyait de son mieux.

Mme de Rênal resta interdite, ils étaient fort près l'un de l'autre à se regarder. Julien n'avait jamais vu un être aussi bien vêtu et surtout une femme avec un teint si éblouissant, lui parler d'un air doux. Mme de Rênal regardait les grosses larmes qui s'étaient arrêtées sur les joues si pâles d'abord et maintenant si roses de ce jeune paysan. Bientôt elle se mit à rire, avec toute la gaieté folle d'une jeune fille, elle se moquait d'elle-même et ne pouvait se figurer tout son bonheur.

Stendhal, *le Rouge et le Noir,* 1830.

Ce fut comme une apparition :
Elle était assise, au milieu du banc, toute seule ; ou du moins il ne distingua personne dans l'éblouissement que lui envoyèrent ses yeux. En même temps qu'il passait, elle leva la tête ; il fléchit involontairement les épaules ; et, quand il se fut mis plus loin, du même côté, il la regarda.

Elle avait un large chapeau de paille, avec des rubans roses qui palpitaient au vent, derrière elle. Ses bandeaux noirs, contournant la pointe de ses grands sourcils, descendaient très bas et semblaient presser amoureusement l'ovale de sa figure. Sa robe de mousseline claire, tachetée de petits pois, se répandait à plis nombreux. Elle était en train de broder quelque chose ; et son nez droit, son menton, toute sa personne se découpait sur le fond de l'air bleu.

Comme elle gardait la même attitude, il fit plusieurs tours de droite et de gauche pour dissimuler sa manœuvre ; puis il se planta tout près de son ombrelle, posée contre le banc, et il affectait d'observer une chaloupe sur la rivière.

Jamais il n'avait vu cette splendeur de sa peau brune, la séduction de sa taille, ni cette finesse des doigts que la lumière traversait. Il considérait son panier à ouvrage avec ébahissement, comme une chose extraordinaire. Quels étaient son nom, sa demeure, sa vie, son passé ? Il souhaitait connaître les meubles de sa chambre, toutes les robes qu'elle avait portées, les gens qu'elle fréquentait ; et le désir de la possession physique même disparaissait sous une envie plus profonde, dans une curiosité douloureuse qui n'avait pas de limites.

Une négresse, coiffée d'un foulard, se présenta, en tenant par la main une petite fille, déjà grande. L'enfant, dont les yeux roulaient des larmes, venait de s'éveiller ; elle la prit sur ses genoux. « Mademoiselle n'était pas sage, quoiqu'elle eût sept ans bientôt ; sa mère ne l'aimerait plus ; on lui pardonnait trop ses caprices. » Et Frédéric se réjouissait d'entendre ces choses, comme s'il eût fait une découverte, une acquisition.

Il la supposait d'origine andalouse, créole peut-être ; elle avait ramené des îles cette négresse avec elle ?

Cependant, un long châle à bandes violettes était placé derrière son dos, sur le bordage de cuivre. Elle avait dû, bien des fois, au milieu de la mer, durant les soirs humides, en envelopper sa taille, s'en couvrir les pieds, dormir dedans ! Mais, entraîné par les franges, il glissait peu à peu, il allait tomber dans l'eau, Frédéric fit un bond et le rattrapa. Elle lui dit :

« Je vous remercie, monsieur. »

Leurs yeux se rencontrèrent.

Gustave Flaubert, *l'Éducation sentimentale*, 1869.

Annexes

Phèdre avant Racine, p. 160

Les personnages
et la structure dramatique, p. 165

Poésie de *Phèdre,* p. 174

Influences de *Phèdre,* p. 180

Quelques interprétations
et mises en scène, p. 185

Phèdre et la critique, p. 189

Avant ou après la lecture, p. 196

Bibliographie, discographie,
filmographie, p. 199

Phèdre avant Racine

Les modèles antiques

« Le sujet est pris d'Euripide », déclare Racine dans la Préface (voir p. 32), où il cite également Sénèque, grand interprète, avec Euripide, de la légende de Phèdre et d'Hippolyte dans l'Antiquité. Racine ne pouvait manquer de citer ces références du goût classique qu'il connaissait d'ailleurs fort bien depuis sa jeunesse.

Euripide : le conflit de deux déesses

Dès 432 av. J.-C., le tragédien grec Euripide avait écrit un *Hippolyte voilé* dont il ne subsiste que quelques fragments. Il reprit le thème dans *Hippolyte porteur de couronne,* représenté à Athènes en 428 av. J.-C.

Aphrodite annonce son intention de se venger d'Hippolyte, qui refuse de céder à son amour et réserve ses hommages à Artémis, la déesse vierge de la Chasse. L'instrument de la vengeance sera Phèdre, à qui Aphrodite a inspiré un amour coupable pour Hippolyte, son beau-fils. Pendant l'absence de son époux Thésée, Phèdre se laisse aller à avouer cet amour à sa nourrice, qui lui propose de l'aider à le satisfaire. Malgré le refus de Phèdre, la nourrice révèle à Hippolyte la passion qu'il inspire à sa belle-mère ; le jeune homme s'enfuit, horrifié, après avoir proféré une tirade violemment misogyne. Phèdre, folle de douleur, maudit sa nourrice et va se pendre. Mais Thésée, qui est revenu, trouve dans la main de la suicidée une tablette où elle accuse Hippolyte de l'avoir violentée.

Le jeune homme tente de se disculper auprès de son père, mais celui-ci le chasse et, dans sa fureur, appelle sur lui la malédiction de Poséidon : le dieu avait en effet promis d'exaucer trois vœux de Thésée. Survient peu après un messager qui raconte qu'un monstre, sorti de la mer, a épouvanté les chevaux d'Hippolyte ; celui-ci, traîné par ses chevaux affolés, est mourant. Artémis découvre alors à Thésée la machination combinée par Aphrodite ; Hippolyte meurt sur scène dans les bras de son père après lui avoir pardonné, sur les conseils de la déesse.

La tragédie d'Euripide est moins un drame d'amour à l'échelle humaine que le conflit sacré de deux déesses, d'ailleurs présentes sur scène ; Aphrodite, symbole de la puissance cosmique du désir source de vie, affronte, par personnages interposés, Artémis qui pousse les mortels à résister à l'amour. Racine ne gardera que la présence invisible de Vénus.

Comme le titre d'Euripide l'indique, c'est Hippolyte, et non pas Phèdre, qui est le personnage central de la tragédie, incarnation du héros injustement immolé à la vindicte d'une divinité cruelle (du point de vue de l'éthique grecque, Hippolyte est toutefois coupable d'orgueil en méprisant Aphrodite et de démesure [en grec, « hybris »] en s'estimant au-dessus de la puissance universelle de l'amour). Racine trouve là un thème pathétique pour lequel il entretient une prédilection significative de sa vision pessimiste du monde : la mort imméritée d'un être jeune et lumineux. Dans le déroulement de l'intrigue, Racine doit au poète grec, outre de nombreux traits du récit narrant la mort d'Hippolyte, deux scènes essentielles : celle où la nourrice arrache à Phèdre l'aveu de son amour et celle où Thésée maudit son fils. En revanche, les exigences du théâtre classique (la bienséance) et de son public ont imposé quelques corrections : chez Racine, ce n'est plus Phèdre qui accuse Hippolyte mais la nourrice, et le prince n'est pas accusé d'avoir violé sa belle-mère mais seulement d'y avoir trop fortement songé.

Sénèque : prépondérance de Phèdre

Phaedra, du Latin Sénèque, fut écrite entre 49 et 62 apr.
J.-C. ; la tragédie était destinée à des lectures publiques dans
les cercles lettrés de Rome et non à la représentation théâtrale,
ce qui explique peut-être son manque de dynamisme dramatique. Aux environs d'Athènes, Hippolyte et ses compagnons
se livrent aux plaisirs de la chasse. Phèdre, lasse de l'absence
et des infidélités de son époux Thésée, ne peut résister à sa
passion pour Hippolyte. Sa nourrice la supplie de ne pas se
déshonorer et lui rappelle qu'Hippolyte, tout à la dévotion
de Diane, est hostile à l'amour et aux femmes. Cependant,
Phèdre déclare sa passion à son beau-fils qui, horrifié, tire son
épée sans se résoudre toutefois à tuer sa belle-mère, et s'enfuit
en jetant son arme. Ce glaive abandonné va servir à accuser
le jeune homme au retour de son père. Celui-ci supplie
Neptune de le venger (le dieu lui doit l'accomplissement d'un
vœu). Un messager survient et annonce la mort d'Hippolyte :
un monstre sorti des flots a effrayé ses chevaux qui l'ont
traîné sur les rochers. Phèdre avoue sa faute et se tue sous
les yeux de son mari ; Thésée rassemble en gémissant les
membres épars de son fils et fait préparer le bûcher funèbre.

La *Phaedra* de Sénèque est d'une tonalité fort éloignée de
la tragédie d'Euripide. La présence des dieux s'y résume à
l'intervention du monstre envoyé par Neptune ; la pièce de
l'écrivain latin a perdu tout caractère mystique ou sacré et
relève de l'esthétique décadente : effets d'étrangeté, psychologie
violente et tourmentée, situations monstrueuses font de la
tragédie de Sénèque un produit typique de l'époque de Néron
(54-68 apr. J.-C.). Quoique moins avouée, l'influence de
Sénèque équilibre celle d'Euripide dans la pièce de Racine ;
il doit à son prédécesseur latin l'importance prépondérante
accordée au personnage de Phèdre : elle déclare elle-même
son amour à Hippolyte et c'est sa mort, et non celle du jeune
homme, qui, par un suicide sur scène, marque le terme de
l'action.

Les prédécesseurs français

Aux XVIe et XVIIe siècles, quatre auteurs dramatiques français se sont intéressés à la légende d'Hippolyte et de Phèdre et intitulèrent leur pièce *Hippolyte* : Robert Garnier en 1573, La Pinelière en 1635, Gabriel Gilbert en 1647 et Bidar en 1675.

Leur influence sur Racine semble à peu près nulle ou très fragmentaire. Garnier et La Pinelière ont suivi les sources antiques de trop près (Sénèque surtout) pour que Racine aille chercher là ce qu'il pouvait trouver directement chez les Anciens. Gilbert et Bidar, pour leur part, ont fait de Phèdre la fiancée de Thésée, et non son épouse, annulant ainsi la situation incestueuse et ses implications. Pradon, par souci des bienséances, les imita sur ce point. Gilbert rend même Hippolyte amoureux de Phèdre, ce qui achève de dénaturer le sujet. Cependant chez Bidar, en 1675, Hippolyte aime une jeune fille, Cyane, prototype éventuel du personnage d'Aricie qui humanise Hippolyte chez Racine.

Un thème universel : la prohibition de l'inceste

Racine a osé « faire un inceste en plein théâtre » selon l'expression de son rival Pradon qui l'en blâmait au nom des bienséances. Si l'interdiction de l'inceste appartient à toutes les civilisations, ses formes diffèrent considérablement d'une société à une autre. D'une façon paradoxale pour des mentalités rationalistes, l'interdit proscrivant l'union de parents par alliance est souvent aussi fort, et parfois bien plus, que celui s'appliquant aux parents par le sang (*cf.* Lévi-Strauss, *Structures élémentaires de la parenté,* 1949).

Ainsi, les propositions du type : Phèdre n'est que la belle-mère d'Hippolyte, qui tendent à évacuer le problème, sont sans doute faussées. Le droit canon interdisait de telles unions entre beaux-parents, et le XVIIᵉ siècle s'apparente encore par bien des aspects aux sociétés traditionnelles étudiées par l'anthropologie moderne. En témoignent les pratiques de sorcellerie et de magie sympathique révélées par l'« affaire des Poisons », répandues jusque dans les milieux de la Cour. Il semble bien que la cabale de *Phèdre,* née de rivalités de personnes, trouva là un argument que tout le monde entendait.

L'intrigue de *Phèdre* se rattache à l'un de ces archétypes universellement attestés où se combinent l'attrait et la répulsion pour un interdit primordial. Les histoires fatales de belles-mères et de beaux-fils abondent dans toutes les civilisations ; un exemple (aussi éloigné que possible de l'univers racinien, puisqu'il se déroule dans l'Inde ancienne de la dynastie Maurya du IIIᵉ siècle av. J.-C.) offre un parallélisme troublant avec *Phèdre :* c'est l'histoire du prince Kunâla, fils du roi Açoka, contée d'après le récit de voyage en Inde du célèbre pèlerin chinois Hiuan-tsang en 629 :

Kunâla ayant repoussé les avances de sa belle-mère, la nouvelle favorite d'Açoka, celle-ci avait juré de se venger. Elle fabriqua frauduleusement une lettre au nom d'Açoka et profita du sommeil du roi pour la sceller — selon l'usage en cours — « de l'empreinte de ses dents ». Or cette lettre ordonnait de crever les yeux du jeune homme. À la réception de l'ordre royal, les serviteurs de Kunâla hésitaient. Mais le héros s'offrit lui-même au bourreau : « Puisque mon père m'a condamné, comment oserais-je désobéir ? » Devenu aveugle, il demandait l'aumône sur les grandes routes de l'Inde. Ses pas le portèrent vers la résidence d'Açoka, près du palais royal. Durant la dernière veille de la nuit, il se met à chanter ses malheurs en s'accompagnant sur la *vînâ.* Voici que du haut d'une terrasse le roi tressaille en entendant cette voix. Il se fait amener l'aveugle et reconnaît son fils. Un saint moine bouddhiste rendra la vue à celui-ci et la Phèdre indienne sera condamnée au dernier supplice.

René Grousset, *Sur les traces du Bouddha,* Perrin, 1977.

Les personnages
et la structure dramatique

« La tragédie classique comprend nécessairement trois protagonistes : le roi et les amoureux, chacun étant, en général, escorté de son confident » (Alain Niderst, *Racine et la tragédie classique,* 1978). À ce groupe homogène et partageant, malgré les conflits, les mêmes valeurs, s'oppose, dans *Phèdre,* l'héroïne éponyme, figure solitaire au-delà des normes.

Le roi Thésée : au centre de l'action

La mort supposée de Thésée, puis son retour sont les moteurs de l'action (l'intrigue et ses péripéties). Thésée procède encore, quoique dans une faible mesure, de la conception sacralisée du monarque comme pivot et garant de l'ordre politique et cosmique. C'est en effet l'annonce de sa mort qui permet au désordre de s'insinuer, par le biais des déclarations d'Hippolyte à Aricie et surtout de Phèdre à Hippolyte. Mais son retour ne restaurera pas un ordre triomphant : ici, pas de thaumaturgie royale, pas de *deus ex machina* réparant les dégâts mais un aveuglement, un entêtement, une inconscience qui précipiteront les catastrophes : « Je ne sais où je vais, je ne sais où je suis » (v. 1004).

Si le lustre de ses exploits héroïques est bien dans la ligne de l'hagiographie traditionnelle des souverains, son passé de galanterie indique assez sa vulnérabilité : lui aussi a connu la puissance de l'amour et la perte de maîtrise de soi qu'elle implique. De plus, le héros est fatigué et aspire à l'embourgeoisement : il rêve de retrouver femme, fils et foyer (acte III, sc. 4 et 5). Sa douleur achèvera de l'humaniser (acte V, sc. 7), faisant de lui la victime de son inconscience et le jouet des dieux.

Le couple d'amoureux

Hippolyte n'est plus, comme chez Euripide, le personnage principal du drame. Sa dévotion à Artémis, la déesse vierge, et son refus mystique de l'amour ont été estompés par Racine ; il demeure cependant l'innocente victime expiatoire de la cérémonie tragique. L'athlète sauvage du mythe grec devient chez Racine un héros sentimental confronté à un dilemme cornélien sinon à un tabou : les ordres paternels et l'intérêt dynastique lui interdisent d'aimer Aricie. Pour lui, comme pour Phèdre, aimer représente une faute. Il ne manque d'ailleurs pas d'intensité en son meilleur moment, sa déclaration d'amour à Aricie (v. 524 à 560), dont la grâce, le ton de ravissement, l'innocence éperdue transcendent les métaphores et les images attendues de la pastorale héroïco-galante.

Aricie, plus encore qu'Hippolyte, a, de tout temps, fait l'objet de critiques fort sévères. Plutôt que de recenser les accusations faciles de mièvrerie ou d'artificialité, on pourrait se demander pourquoi Racine a voulu donner à Hippolyte cette compagne un peu affectée et si elle ne correspond pas à un aspect du goût de l'époque qui échappe aujourd'hui à notre perception esthétique. Son statut romanesque de princesse captive malheureuse (v. 415 à 435), sa problématique amoureuse raffinée (v. 436 à 460), sa coquetterie (II, 2), sa rhétorique galante relèvent des salons précieux et du maniérisme autant que du baroque.

L'époque louis-quatorzienne ne renia pas cet héritage, ainsi que le prouvent les succès qu'assurèrent à Thomas Corneille et à Quinault leurs tragédies d'esprit romanesque et galant. Certes, cette veine stylistique s'épanouit avec plus de prédilection dans les arts plastiques (*cf.* les cartons de tapisserie de Le Brun) ou les « arts de l'éphémère » (l'opéra-ballet lulliste, par ex.), mais sa présence dans *Phèdre* pourrait bien ne nous paraître incongrue qu'à cause d'une vue sommaire du climat culturel de l'époque, fondée sur les clichés d'un classicisme aseptisé. On trouve également chez Aricie, malgré son éthique aristocratique, des références aux valeurs bourgeoises : elle n'accepte l'enlèvement qu'à condition qu'il aboutisse au mariage (V, 1). Il serait injuste, enfin, de passer sous silence l'audace et la grandeur de ses protestations face à Thésée (V, 3).

L'idylle d'Hippolyte et d'Aricie est un élément indispensable à l'harmonie d'ensemble de la pièce. Des moments tels que la déclaration d'amour d'Hippolyte à Aricie ou les « noces spirituelles » des deux amants (V, 1) apparaissent comme des instants de détente, des plages de lumière au sein d'un contexte ténébreux et violent auquel ils font un contrepoint dramatique esthétiquement cohérent.

Les confidents

Ismène est exactement ce qu'on appelle au théâtre une utilité, Panope existe à peine. Théramène est davantage présent : mentor d'Hippolyte, il le conseille (I, 1) et l'épaule. Cependant, il n'a guère d'épaisseur psychologique. Même dans son célèbre récit (V, 6), il n'est qu'une voix narrant somptueusement la mort du héros.

Il en va tout autrement d'Œnone, protagoniste à part entière de l'action. Son dévouement passionné, exclusif et inconditionnel à Phèdre (trait caractéristique de ce type d'emploi) est poussé à l'extrême et remonte à un lointain passé : nourrice de Phèdre, elle l'a élevée (v. 234). Pendant quatre actes, Œnone va employer tous les moyens (tendresse, chantage, appel à la dignité et à l'amour-propre), exploiter toutes les situations (mort supposée et retour de Thésée, attitude d'Hippolyte) pour empêcher Phèdre de mourir, car la vie de la reine est pour elle « d'un prix à qui tout cède » (v. 898). Ce faisant, elle devient l'instigatrice du drame en dénonçant Hippolyte à son père, responsabilité qu'elle assume. Rejetée par Phèdre, il ne lui reste plus qu'à disparaître :

« Ah ! dieux ! pour la servir j'ai tout fait, tout quitté ;
Et j'en reçois ce prix ! Je l'ai bien mérité » (v. 1327-1328).

Voir en elle une incarnation du mal est certainement exagéré malgré sa haine pour Hippolyte, ce fils de l'étrangère qui a ravi le cœur de sa maîtresse ; ses motivations sont univoques et elle n'existe que par rapport à Phèdre sans poursuivre une trajectoire ou des intérêts qui lui soient propres. André Gide écrivait à son sujet : « Œnone excelle à faire le jeu du diable ; non point certes par perfidie, à la manière de Narcisse, mais par dévouement ancillaire et par amour pour sa maîtresse » *(Interviews imaginaires)*. Elle n'intervient que dans l'aspect « trivial » (Barthes), c'est-à-dire événementiel, du conflit et reste étrangère à l'impasse tragique qui déchire Phèdre. Elle préserve la dignité de celle-ci en assumant le cynisme et la bassesse de la dénonciation d'Hippolyte, ce qui apparaît comme une concession aux bienséances et à la théorie du décorum avec son préjugé des personnages « nobles » et des personnages « de basse condition ».

L'héroïne solitaire

Les apparitions de Phèdre sont les étapes d'un cheminement psychologique fulgurant, véritable action intérieure qui focalise la force tragique de l'œuvre. La passion de Phèdre, en même temps qu'elle réalise sa progression interne, suffit à pousser l'intrigue vers sa conclusion logique. Cette passion brûle de se dire : à partir du moment où Phèdre a rompu le silence en avouant son amour à Œnone, vit en elle une véritable urgence libératrice de la parole qui conduit la tragédie. Et cette passion se consume en se disant au point que la dernière intervention de la reine (V, 7) ressemble à une extinction : Phèdre disparaît quand elle ne peut plus « dire ».

Phèdre manifeste par ailleurs un goût de l'autoanalyse, une lucidité dans l'introspection, une conscience morale qui lui font disséquer, avec une précision à la fois clinique et complaisante, allant jusqu'à la dilacération intime, les aspects les plus cruels de son « mal ». Mais illusions, hallucinations, mauvaise foi, pulsions contradictoires oblitèrent cette clairvoyance et compliquent à l'infini ses sentiments en un véritable kaléidoscope de la passion amoureuse, qui a fourni une matière quasiment inépuisable à l'approche psychologique, aussi bien qu'à la psychocritique et à la psychanalyse. La peinture presque exclusive de l'incandescence passionnelle constitue donc la spécificité de la pièce dans le théâtre racinien.

Les grandes interventions de Phèdre sont les sommets poétiques et émotionnels de l'œuvre, signes de chaque étape de son amour : le coup de foudre et ses progrès irrésistibles (acte I), sa déclaration à l'être aimé (acte II), le déchaînement de la fureur amoureuse (acte III), puis l'enfer de la jalousie (acte IV) et l'anéantissement final (acte V) pourraient être comparés aux stations mystiques de la passion du Christ. Parmi mille visages possibles pour cette héroïne énigmatique, quelques voies ont été inégalement fréquentées par les commentateurs.

L'atavisme et la dépossession de soi

Pour « la fille de Minos et de Pasiphaé », le destin prend la forme de l'atavisme ; son ascendance à la fois divine et monstrueuse, la fatalité de son sang (v. 680) sont des motifs obsessionnels dans la bouche de Phèdre : « la prédilection de Racine pour le mot sang est le signe d'une intuition scientifique confirmée par la génétique moderne : les marques concrètes de notre hérédité sont littéralement dans notre sang. La

métaphore du sang marque aussi l'acceptation d'une déter-
mination biologique et donc inéluctable » (Georges May, *Revue
d'histoire littéraire,* n° 2, 1972).

Phèdre ne s'appartient pas. Dès son apparition saisissante
(début de la scène 3 de l'acte I), elle manifeste une absence
à elle-même. Cet aspect somnambulique revient tout au long
de la pièce. La fréquence des échappées hallucinatoires et
oniriques, les manifestations physiologiques du trouble sont
vécues comme les indices d'une possession provoquée par un
charme magique. Plus qu'une hystérique, Phèdre est une
extatique traversée de forces qui l'investissent et la dépassent,
quels que soient les noms qu'elle-même (« C'est Vénus toute
entière à sa proie attachée ») ou les critiques donnent à ces
forces. Du *Mémorial* de Pascal à la mystique quiétiste de
Mme Guyon, le XVIIe siècle a entretenu une singulière familiarité
avec ces expériences de dissolution du moi ; et les analogies
entre certains aspects de la piété baroque et les signes de la
passion érotique ont été souvent soulignées (*cf.* la sainte
Thérèse du Bernin).

Culpabilité

En regard de ces données élémentaires de l'atavisme et de la
possession extatique qui excluent tout débat psychologique et
dissolvent la responsabilité individuelle, Racine réintroduit la
conscience morale, la dualité de la faute et de la pureté grâce
au thème de la culpabilité. Certes, ce thème évolue tout au
long de la pièce et la culpabilité née de la délation d'Œnone
et de la mort d'Hippolyte est assez clairement motivée pour
se passer de commentaires ajoutés. Mais la culpabilité est
inhérente à l'amour de Phèdre pour Hippolyte et le constitue
même, puisqu'il s'agit d'un amour à la fois incestueux et
adultère. Ce sens aigu de la faute témoigne d'une conscience
morale intense et déchirée : « honte », « rougeur », « coupable »
sont des mots d'une fréquence lancinante dans la bouche de
Phèdre.

La prédilection de cette descendante du Soleil pour le grand thème lyrique de la lumière n'est pas seulement atavique : elle exprime aussi une inextinguible soif de pureté. L'humanité bouleversante du personnage tient aux exigences inconciliables des démons qui l'habitent et de son propre désir de pureté. Transposer cette dualité en termes de péché et de grâce a pu autoriser une lecture chrétienne de la tragédie : le dernier mot de Phèdre pénitente est le mot « pureté » (v. 1644) ; consciente jusqu'à la fin de son péché, peut-être pourra-t-elle en définitive se racheter par une mort rédemptrice.

Le malheur de n'être pas aimée

À l'angoisse d'être coupable va s'ajouter pour Phèdre celle de n'être pas aimée. Cette détresse ira s'accentuant, puisqu'à l'alibi consolant d'avoir affaire à un héros insensible à tout amour humain succédera la découverte d'une rivale heureuse (Aricie). Phèdre est donc celle qui aime sans être aimée, l'« amoureuse » et non l'« amante ». Cette impasse de l'amour non partagé contient potentiellement, outre un pathétique sollicitant la pitié, les traits fondamentaux de toute situation tragique : vie invivable et absence de solutions. Même la mort, que Phèdre appelle, est évoquée par elle avec horreur, à l'idée de se retrouver sous le regard du juge des Enfers, son père Minos.

Il est difficile de faire une discrimination, dans l'état névrotique et la souffrance de Phèdre, entre ce qui relève du sentiment de culpabilité et ce qui est dû au manque et au refus de l'objet aimé. L'un et l'autre se relaient et se renforcent mutuellement, dans une relation de causalité circulaire et d'inflation réciproque aux allures de « machine infernale ». L'amour de Phèdre, impossible à la fois d'un point de vue affectif (Hippolyte en aime une autre) et éthique (il est le fils de Thésée), est une des clefs de voûte de la structure dramatique de Phèdre : chacun de ces deux aspects interdit les accommodements ou les compensations que l'autre, pris isolément, pourrait autoriser. Toutes les issues étant bloquées pour la reine, il ne reste place que pour cette flambée porteuse de mort qui fait toute la tragédie.

Les dieux, acteurs cachés ?

Phèdre est un drame sombre, le plus sinistre du théâtre racinien. Non seulement la pièce s'achève, sur le plan humain, dans le désespoir le plus complet, mais ses personnages sont hantés et gouvernés par des puissances invisibles. Le monde même : le ciel, la terre et la mer, est lourd d'une vie inquiétante où se lit la présence divine. La prison de Thésée voisine des Enfers, le Soleil rougissant à la vue de Phèdre, le flot qui recule épouvanté devant le monstre, « Et la Crète fumant du sang du Minotaure » (v. 82) : tout concourt à créer une atmosphère fantastique où l'homme est cerné de toutes parts par l'émergence d'un sacré de nature très archaïque. Certains de ces éléments, tels le Minotaure et le Labyrinthe, remontent à un vieux fonds préhellénique transmis aux Grecs par la Crète minoenne.

La cruauté des dieux

Chez Racine, cette omniprésence des dieux et du mythe va au-delà d'un choix esthétique purement décoratif ou d'un souci de couleur locale, comme c'est le cas chez la plupart de ses contemporains. Sa fidélité à la tradition antique est de nature plus profonde : Racine a découvert dans les tragiques grecs un monde de cruauté où les sentiments et les comportements humains sont déterminés par la volonté occulte de dieux inaccessibles à la pitié.

Parmi ces dieux, constamment évoqués et collectivement invoqués par les protagonistes de la tragédie, deux individualités se détachent et jouent un rôle considérable, Vénus et Neptune.

Ils sont acteurs et non pas seulement spectateurs du drame puisqu'ils ont investi le cœur et le sang des héros. Phèdre est, par hérédité, victime de Vénus : après avoir incité la mère (Pasiphaé) à des accouplements monstrueux, elle fait périr la fille d'épuisement et de désir. Mais, si Vénus est l'implacable ennemie de Phèdre, Neptune est le trop fidèle allié de Thésée, dont il exécutera aveuglément la prière de châtiment. Ainsi, jamais la bonté ou l'équité de ces dieux ne sont en action, bien que sollicitées par les personnages. La puissance divine se manifeste dans des actes aveugles et inéluctables qui ont l'irrévocabilité du *fatum* antique ; Vénus ne punit pas Phèdre d'une faute qu'elle aurait antérieurement commise ou d'un manquement rituel : Phèdre lui a bâti « un temple et pris soin de l'orner » (v. 280) dans le but de conjurer le sort. Mais Phèdre est pourtant coupable d'un amour illégitime suscité en elle par Vénus, et qui lui fait horreur.

Phèdre est-elle libre ?

Cette vision pessimiste de Phèdre victime d'une malédiction pose le problème si controversé de la liberté de choix et d'action du personnage, des limites de sa volonté et de sa responsabilité. Bien qu'elle se sache gouvernée par les dieux et par l'hérédité (les premiers se servant de la seconde), Phèdre ne cesse de se proclamer coupable, seul moyen pour elle de revendiquer pathétiquement et désespérément un espace où exercer sa responsabilité et sa liberté. Malgré toutes les pesanteurs qui déterminent son destin, la liberté de Phèdre existe intérieurement, dans la conscience malheureuse de la faute, et se réalise paradoxalement dans son suicide.

Deux lectures restent toujours possibles. L'une met l'accent sur les déterminations extérieures, l'autre voit dans les affres de la culpabilité et du repentir qui déchirent Phèdre les signes d'une latitude laissée à la responsabilité et à la liberté individuelles. Racine s'est bien gardé de trancher, car c'est de ces contradictions que Phèdre vit et palpite.

173

Poésie de *Phèdre*

« Quels vers ! quelles suites de vers ! Y eut-il jamais, dans aucune langue humaine, rien de plus beau ? » note André Gide dans son *Journal* (18-2-1934) à propos de *Phèdre,* dont l'auteur est au moins autant loué comme poète que comme dramaturge. On a souvent souligné à quel point cette magie incantatoire, ce « charme » ont été obtenus la plupart du temps (quelques exceptions confirmant la règle, tel le récit de Théramène, grand air baroque) avec une grande économie de moyens. Le vocabulaire est restreint, Racine emploie peu de mots abstraits, peu d'adjectifs pittoresques, pas de termes techniques ; les rimes sont sans éclat ostentatoire, les vers coulent selon un rythme peu marqué, aux coupes rarement perceptibles, sans cadences trop expressives.

Ces qualités « classiques » sont parachevées par le respect de la théorie du décorum : les personnages de la tragédie (rois, princes et membres de leur entourage) doivent adopter un ton soutenu et un langage conforme à leur statut social. Cette règle implique l'emploi de mots nobles (« coursiers » pour « chevaux », « poudre » pour « poussière », etc.), le pluriel poétique (« les fureurs »), l'adjectif placé avant le nom (« des amoureuses lois », v. 59). Comment la musique troublante de *Phèdre* naît-elle de ce matériau épuré ? Le vers célèbre « La fille de Minos et de Pasiphaé » illustre à la perfection cette alchimie du son et du sens, dont la création d'images et le lyrisme semblent être deux modes d'expression privilégiés.

Création d'images

Le foisonnement des images est une des spécificités de *Phèdre* dans le théâtre racinien ; il confère à la pièce cet aspect chargé de « poème baroque » (Malraux).

La mythologie, source de dépaysement

La pièce est parsemée d'allusions, d'images, de noms de personnes ou de lieux qui renvoient à son contexte légendaire archaïque et barbare. Autant de rappels aux sonorités étranges qui mènent l'imagination du spectateur vers un monde où la familiarité avec le surnaturel prend les couleurs de l'épopée. Tout concourt à faire rêver ou frémir : la geste de Thésée exterminant les monstres, les généalogies anormales rappelant l'intimité originelle des dieux et des hommes, la terre et les ondes peuplées d'êtres mythiques, demi-dieux et dragons, les éléments participant d'une vie affective (le Soleil rougissant devant Phèdre, sa descendante, ou le flot marin reculant épouvanté devant le monstre qu'il apporte). Toutes les allusions mythologiques ne sont toutefois pas porteuses de sens ou solidaires d'un climat spécifique ; certaines jouent un rôle purement décoratif relevant d'une école esthétique qui utilise l'amplification pompeuse : par exemple, pour dire « Thésée est mort », Hippolyte proclame :
« Les dieux livrent enfin à la Parque homicide
L'ami, le compagnon, le successeur d'Alcide » (v. 469-470).

Les moments idylliques

En contraste avec la violence extravagante de certaines évocations précédentes, quelques plages lumineuses apportent des moments de détente. Le monde d'Hippolyte et d'Aricie, leur amour partagé fournissent prioritairement ces images de douceur et de lumière ; ainsi, celle du héros, beau comme un jeune dieu, chassant le cerf ou poussant ses chevaux sur la grève, ou encore avouant son amour à Aricie en une tirade (v. 524 à 560), sommet élégiaque de la pièce : l'anxiété juvénile d'Hippolyte qui craint de s'abandonner à la douceur d'aimer transfigure le type traditionnel de l'amoureux promenant à travers la nature la vision fantasmée de l'élue de son cœur.

Les regrets et les aspirations de Phèdre sont également

traversés d'images idylliques d'autant plus intenses que
généralement brèves, fugitives échappées où se disent le désir
de fuir un monde étouffant et mauvais ainsi que la nostalgie
du paradis : évocation fraîche et apaisante de l'ombre des
forêts où Hippolyte court le cerf, lumière dorée de la grève
dont le char soulève la poussière, furtive marine, à la manière
du peintre Claude Lorrain, ouverte sur l'infini :
« Déjà de ses vaisseaux la pointe était tournée,
Et la voile flottait aux vents abandonnée » (v. 797-798).

Phèdre en proie aux hallucinations

Le moment où Phèdre vit en songe l'aventure du Labyrinthe
qu'elle aurait partagée avec l'être aimé (v. 655 à 662), image
fantasmatique d'un bonheur inaccessible, fait la transition des
images idylliques aux images hallucinatoires. Celles-ci, ensuite,
envahissent la scène 6 de l'acte IV. Phèdre, dans un accès de
folie meurtrière sous l'emprise de la jalousie, a médité la mort
de sa rivale ; elle prend conscience de son infamie et
s'abandonne à une vision grandiose du monde infernal
(v. 1275 à 1288) : Minos, le juge, la foule des morts, « pâles
humains », l'urne d'où l'on tire la sentence, les supplices du
Tartare. En arrière-plan, le Soleil, aïeul de Phèdre, et un ciel
empli de divinités, ses parentes, témoins de son « crime ».

Le lyrisme galant au service
de la passion

Parallèlement à cette richesse d'images, avec ses aspects
nécessairement descriptifs, mais aussi ses prolongements
poétiques et symboliques dans l'imaginaire, la place qu'occupe,
dans *Phèdre,* l'expression de la passion amoureuse en fait la
tragédie la plus lyrique de Racine. La soumission du verbe
racinien aux moindres inflexions du lyrisme amoureux est ici

à son sommet et Racine tire de la modestie de son vocabulaire des effets étonnamment variés.

On pourrait en effet lire *Phèdre* comme une « somme » des figures de l'amour au XVIIe siècle. Quelque chose de l'amour cornélien est passé dans l'éthique héroïque du refus de l'amour que professent Hippolyte et Aricie, de même que dans les obstacles politiques qui s'opposent à leur union (interdit édicté par Thésée au nom de l'intérêt dynastique). Leur attachement réciproque trouve pour se dire la terminologie et les tournures de l'amour précieux qu'on rencontre également dans la bouche de Phèdre.

Si le propre du poète est de « donner un sens plus pur aux mots de la tribu » (Mallarmé), Racine, utilisant le langage de la galanterie pour traduire la violence passionnelle, a su le transfigurer et lui conférer une force et une pertinence nouvelles, qui ne sont peut-être que la redécouverte de son impact originel. Lorsque les personnages évoquent leurs « feux », l'« ardeur » qui les « brûle », c'est bien une fièvre qui les consume et les mène à la « fureur », c'est-à-dire à la folie. De même, quand Phèdre évoque l'« ennemi » Hippolyte, ou ce dernier le « joug amoureux », combat et défaite n'ont rien de métaphorique. C'est, bien sûr, Phèdre qui offre l'expression la plus diversifiée : analogies de sa passion avec l'amour mystique, confirmées par l'emploi du vocabulaire de la dévotion (v. 286 à 288, 293, etc.), traces de la tradition antique du langage amoureux : comme chez Sappho ou Catulle, l'amour est une maladie (« mal », v. 269) ou une plaie inguérissable (« incurable amour », v. 283 ; « blessure », v. 304).

L'expression racinienne de l'amour

Mais l'intensité des grands chants lyriques de Phèdre relève d'une conception plus spécifiquement racinienne de l'amour : vision noire, négative et pessimiste, placée sous le signe d'une humiliante et aliénante dépendance, tant affective que sensuelle, à l'égard de l'être aimé et où la passion s'exacerbe de l'impossibilité de son accomplissement. Le rôle de Phèdre n'est, en effet, qu'une longue plainte aux modulations infinies, allant du murmure au cri, de l'abattement (début de la scène 3 de l'acte I) aux affres et aux fureurs de la jalousie (IV, 5 et 6). Derrière cette passion douloureuse qui se nourrit paradoxalement de ce qui l'empêche et qui appelle une mort sans cesse différée jusqu'à la fin de l'acte V, se devinent l'impossibilité de vivre dans le regret de la plénitude, la perte de l'autonomie spirituelle et le goût de l'insoluble. En s'éprenant de celui qui ne saurait l'aimer, Phèdre manifeste à sa manière la prédilection de l'amour occidental pour l'obstacle et le tragique (*cf.* Denis de Rougemont, *l'Amour et l'Occident*).

Poétique de la lumière et des ombres

Parmi les mots-clés qui, par leur pouvoir de suggestion, constituent une sorte de décor interne à la pièce et dont la fréquence pourrait servir de matériau à une étude thématique de l'œuvre (voir p. 150), les termes se rapportant à la bipolarité de l'ombre et de la lumière sont les plus prégnants et englobent toutes les tensions de la tragédie.

Racine donne une tournure poétique à sa vision de l'existence en faisant contraster les lumières et les ombres : la nuit des Enfers où l'on croit Thésée disparu, celle du Labyrinthe où eut lieu le combat avec le Minotaure, les ténèbres du Tartare où siège Minos, l'ombre des forêts s'opposent à la lumière des moments où Hippolyte fait courir son char, à l'éclat du soleil sur les terrasses du palais, au scintillement de la mer. Cette dualité est transposable sur d'autres plans : psychologique, moral ou symbolique. Clarté et ombre se répondent comme pureté et souillure, innocence et faute.

Les ténèbres du Labyrinthe sont à l'image des replis secrets du cœur de Phèdre où grondent ses monstres intérieurs. La même opposition partage et déchire l'âme de Phèdre :

« Phaëdra », la « Brillante », est la fille de Minos, roi du Labyrinthe et juge des Enfers, et de Pasiphaé, descendante du Soleil ; Racine définit son héroïne par une antithèse forte : la « flamme si noire » (v. 310). Parce qu'elle brûle d'un amour illégitime, elle recherche la pénombre et la réclusion, ne supportant plus la lumière du Soleil qui éclaire sa faute d'un jour impitoyable (v. 169 à 172, 1242, 1273-1274, etc.). Ce n'est pas elle qui pourrait déclarer comme le chaste et innocent Hippolyte : « Le jour n'est pas plus pur que le fond de mon cœur » (v. 1112). Au contraire, sa faute obscurcit l'univers auquel seule sa mort rendra la clarté (v. 1643-1644). De façon significative et symbolique, le dernier mot prononcé par Phèdre expirante est : « ... pureté » (v. 1644) ; mais Thésée s'empresse en quelque sorte, non moins symboliquement, de la rejeter dans la nuit « D'une action si noire... » (v. 1645).

Phèdre sait aussi que seules les ténèbres définitives de cette mort désirée la délivreront d'elle-même et de l'alternative tragique qui la déchire. Tant qu'elle vivra, elle butera sur la contradiction qui se reconstitue à l'infini en elle-même : le conflit des forces de la lumière et de celles de la nuit. Car, dans son exigence d'absolu, elle veut la réunion des contraires : la pureté et l'amour interdit, la vérité et la vie. Or, le rationalisme classique, qui sous-tend l'univers racinien, répugne à la coexistence des opposés ; Phèdre mourra donc d'avoir tenté la réconciliation des inconciliables.

Influences de *Phèdre*

Touchant aux profondeurs troubles de l'âme humaine et confinant aux zones obscures de la conscience, *Phèdre* a éveillé chez certains auteurs des résonances parfois étonnantes. Chateaubriand et Proust, notamment, se sont inspirés de Racine pour aborder dans leur œuvre les thèmes de la jalousie et de l'inceste. Chacun d'eux glisse progressivement d'une lecture critique de *Phèdre* à la création littéraire et à l'aveu, plus ou moins clair, de ses propres fantasmes qu'il projette ainsi sur l'œuvre originale.

L'obsession de l'inceste

Chateaubriand (1768-1848) décrit dans *René* (1802) les orages de la jeunesse d'un héros « romantique ». L'un des drames de cette jeunesse est l'amour impossible et torturant entre René et sa sœur Amélie, qui s'est prise pour son frère d'une passion dévorante. Les commentateurs modernes y ont vite décrypté l'aveu impossible à faire directement : le drame de René et d'Amélie est, transposé, celui de l'auteur et de sa propre sœur.

Le dépérissement d'Amélie, secrètement amoureuse de son frère, reprend les données des scènes 2 et 3 de l'acte I de *Phèdre*.

L'hiver finissait lorsque je m'aperçus qu'Amélie perdait le repos et la santé qu'elle commençait à me rendre. Elle maigrissait ; ses yeux se creusaient ; sa démarche était languissante, et sa voix troublée. Un jour, je la surpris tout en larmes au pied d'un crucifix. Le monde, la solitude, mon absence, ma présence, la nuit, le jour, tout l'alarmait. D'involontaires soupirs venaient expirer sur ses lèvres ; tantôt elle soutenait, sans se fatiguer, une longue course ; tantôt elle se traînait à peine ; elle prenait et laissait son ouvrage, ouvrait un livre sans pouvoir lire, commençait une phrase qu'elle n'achevait pas, fondait tout à coup en pleurs, et se retirait pour prier.

Quant à la lettre d'adieu par laquelle Amélie apprend à René (sans lui en dire la cause réelle) qu'elle part se réfugier dans un couvent pour échapper aux périls qui la menacent, elle évoque les propos de Phèdre à Hippolyte dans la scène 5 de l'acte II. Tout y est, jusqu'au passage fameux du « vous » au « tu »... Amélie y peint en ces termes le bonheur de la future épouse de son frère.

Et quelle est la femme qui ne chercherait pas à vous rendre heureux ! L'ardeur de votre âme, la beauté de votre génie, votre air noble et passionné, ce regard fier et tendre, tout vous assurerait de son amour et de sa fidélité. Ah ! avec quelles délices ne te presserait-elle pas dans ses bras et sur son cœur ! Comme tous ses regards, toutes ses pensées seraient attachées sur toi pour prévenir tes moindres peines ! Elle serait tout amour, toute innocence devant toi ; tu croirais retrouver une sœur.

Lorsqu'il ajoute en 1805 une *Préface* (où il se désigne comme « l'auteur ») pour une nouvelle édition, Chateaubriand lève lui-même toute ambiguïté à ce sujet, tout en restant évidemment sur le terrain de la fiction littéraire, et réaffirmant le but apologétique de l'entreprise, puisque René finit par se donner la mort.

Afin d'inspirer plus d'éloignement pour ces rêveries criminelles, l'auteur a pensé qu'il devait prendre la punition de René dans le cercle des malheurs épouvantables, qui appartiennent moins à l'individu qu'à la famille de l'homme, et que les Anciens attribuaient à la fatalité. L'auteur eût choisi le sujet de *Phèdre* s'il n'eût été traité par Racine. Il ne restait que celui d'Érope et de Thyeste chez les Grecs, ou d'Amnon et de Thamar chez

181

les Hébreux ; et bien qu'il ait été aussi transporté sur notre scène, il est toutefois moins connu que celui de *Phèdre*. Peut-être aussi s'applique-t-il mieux aux caractères que l'auteur a voulu peindre. En effet, les folles rêveries de René commencent le mal, et ses extravagances l'achèvent : par les premières, il égare l'imagination d'une faible femme ; par les dernières, en voulant attenter à ses jours, il oblige cette infortunée à se réunir à lui ; ainsi le malheur naît du sujet, et la punition sort de la faute.

Les tortures de la jalousie

Proust (1871-1922) explique dans *Albertine disparue* (ou *la Fugitive*), paru en 1925, comment la fameuse « scène de la déclaration » dans *Phèdre* (II, 5) qui l'a longtemps fasciné est en quelque sorte le « résumé » de ses aventures amoureuses avec Gilberte et Albertine.

Il y a dans notre âme des choses auxquelles nous ne savons pas combien nous tenons. Ou bien, si nous vivons sans elles, c'est parce que nous remettons de jour en jour, par peur d'échouer, ou de souffrir, d'entrer en leur possession. C'est ce qui m'était arrivé pour Gilberte, quand j'avais cru renoncer à elle. Qu'avant le moment où nous sommes tout à fait détachés de ces choses, moment bien postérieur à celui où nous nous en croyons détachés, par exemple que la jeune fille se fiance, nous sommes fous, nous ne pouvons plus supporter la vie qui nous paraissait si mélancoliquement calme. Ou bien, si la chose est en notre possession, nous croyons qu'elle nous est à charge, que nous nous en déferions volontiers ; c'est ce qui m'était arrivé pour Albertine. Mais que, par un départ, l'être indifférent nous soit retiré, et nous ne pouvons plus vivre. Or l'« argument » de *Phèdre* ne réunissait-il pas ces deux cas ? Hippolyte va partir. Phèdre qui jusque-là a pris soin de s'offrir à son inimitié, par scrupule dit-elle (ou plutôt lui fait dire le poète), plutôt parce qu'elle ne voit pas à quoi elle arriverait et qu'elle ne se sent pas aimée, Phèdre n'y tient plus. Elle vient lui avouer son amour, et c'est la scène que je m'étais si souvent récitée :

« On dit qu'un prompt départ vous éloigne de nous,
Seigneur... »

Sans doute cette raison du départ d'Hippolyte est accessoire, peut-on penser, à côté de celle de la mort de Thésée. Et de même quand, quelques vers plus loin, Phèdre fait un instant semblant d'avoir été mal comprise :

« ... Aurais-je perdu tout le soin de ma gloire »,

on peut croire que c'est parce qu'Hippolyte a repoussé sa déclaration :

« ... Madame, oubliez-vous
Que Thésée est mon père, et qu'il est votre époux ? »

Mais il n'aurait pas eu cette indignation, que, devant le bonheur atteint, Phèdre aurait pu avoir le même sentiment qu'il valait peu de chose. Mais dès qu'elle voit qu'il n'est pas atteint, qu'Hippolyte croit avoir mal compris et s'excuse, alors, comme moi venant de rendre à Françoise ma lettre, elle veut que le refus vienne de lui, elle veut pousser jusqu'au bout sa chance :

« Ah ! cruel, tu m'as trop entendue. »

Et il n'y a pas jusqu'aux duretés qu'on m'avait racontées de Swann envers Odette, ou de moi à l'égard d'Albertine, duretés qui substituèrent à l'amour antérieur un nouveau, fait de pitié, d'attendrissement, de besoin d'effusion et qui ne faisait que varier le premier, qui ne se trouvent aussi dans cette scène :

« Tu me haïssais plus, je ne t'aimais pas moins.
Tes malheurs te prêtaient encor de nouveaux charmes. »

La preuve que le « soin de sa gloire » n'est pas ce à quoi tient le plus Phèdre, c'est qu'elle pardonnerait à Hippolyte et s'arracherait aux conseils d'Œnone, si elle n'apprenait à ce moment qu'Hippolyte aime Aricie. Tant la jalousie, qui en amour équivaut à la perte de tout bonheur, est plus sensible que la perte de la réputation. C'est alors qu'elle laisse Œnone (qui n'est que le nom de la pire partie d'elle-même) calomnier Hippolyte sans se charger du « soin de le défendre » et envoie ainsi celui qui ne veut pas d'elle à un destin dont les calamités ne la consolent d'ailleurs nullement elle-même, puisque sa mort volontaire suit de près la mort d'Hippolyte. C'est du

moins ainsi, en réduisant la part de tous les scrupules
« jansénistes », comme eût dit Bergotte, que Racine a donnés
à Phèdre pour la faire paraître moins coupable, que m'appa-
raissait cette scène, sorte de prophétie des épisodes amoureux
de ma propre existence.

Ainsi s'expliqueraient peut-être les récurrences régulières de
différents vers de *Phèdre,* présentes dès le début de *la Recherche
du temps perdu,* de même que les diverses reprises de la
fameuse représentation de la Berma dans *À l'ombre des jeunes
filles en fleur.*

Quelques interprétations et mises en scène

Le rôle de Phèdre

Personnalité d'exception, sans doute, que Marie Champmeslé (1642-1698), aimée par Racine, et qui fut la créatrice de Phèdre après avoir été celle de Bérénice, Atalide, Monime et Iphigénie, rôles qui se caractérisent par un « pathétique sans emphase... C'est le "doux Racine", semble-t-il, qui triompha par la bouche de la Champmeslé, et le rôle de Phèdre, situé dans cette perspective, à la suite de celui de Monime et de celui d'Iphigénie, prend un visage plus pitoyable qu'on ne l'imagine, plus juvénile peut-être et moins violent ».

L'histoire de l'interprétation du rôle de Phèdre, fascinant entre tous mais tellement délicat pour l'actrice qui le tient, semble, d'une certaine manière, ratifier *a posteriori* ces remarques d'Alain Niderst sur la créatrice. Les grandes interprètes de Phèdre ont convaincu par l'« intériorité extatique » de leur jeu (Rachel peut-être, surtout Sarah Bernhardt et Marie Bell) alors que l'abus d'effets uniformément véhéments, la gesticulation ont souvent conduit à l'échec (Mlle George, Maria Casarès). En tout cas, la déclamation exemplaire de la Champmeslé enthousiasma ses contemporains, et on sait, par le témoignage de Louis Racine, avec quel soin minutieux Racine réglait cette déclamation avec son interprète : il en notait pour elle les moindres inflexions. Or, le récitatif de Lulli, comme il l'a déclaré lui-même, est inspiré du style de diction de la Champmeslé ; ainsi c'est au goût de Racine lui-même que se référait Lulli lorsqu'il allait prendre modèle sur son actrice favorite.

Après elle, au XVIIIᵉ siècle, Adrienne Lecouvreur et la Clairon furent très applaudies. En 1803, Mlle George, pourtant adulée dans d'autres rôles classiques, échoue : trop de gestes, de cris, de contorsions... Une autre tragédienne, Rachel (1820-1858), remit en honneur le théâtre de Racine en plein apogée romantique et campa une Phèdre aussi sobre qu'expressive ; dans un article publié par *la Presse* (3 janvier 1843), Théophile Gautier rend compte de l'émotion qu'elle produit à son entrée en scène : « Elle s'est avancée, pâle comme son propre fantôme, les yeux rougis dans son masque de marbre, les bras dénoués et morts, le corps inerte... Il nous a semblé voir non pas Mlle Rachel, mais bien Phèdre elle-même. » À la Belle Époque, Phèdre fut un des grands rôles de Sarah Bernhardt (1844-1923) et elle le joua dans le monde entier jusqu'à l'âge de soixante-cinq ans : interprétation mythique fondée sur un jeu scénique hiératique et le pouvoir de transfiguration d'une voix fascinante. Un enregistrement acoustique sur cylindres (voir p. 200) a préservé, malgré la précarité du son, quelque chose de l'autorité péremptoire et de la musicalité hypnotique de cette voix, confirmant ainsi le témoignage de Louis Jouvet : « Sarah jouait sans un geste ; c'était stupéfiant. "Que ces vains ornements, que ces voiles me pèsent." Elle effleurait à peine sa tempe de sa main, c'était tout. C'était simplement l'articulation des vers qu'on entendait, c'était bouleversant, et surtout on sentait que c'était un personnage qui portait en soi, comme disent les commentateurs, "la fatalité antique". C'était un personnage angoissant à voir et on se disait : voilà l'héroïne de la pièce » *(Tragédie classique et théâtre du XIXᵉ siècle).*

Mises en scène du XXᵉ siècle

À l'époque contemporaine, l'attraction des stars semble moins opérante que la vision théâtrale des metteurs en scène.

En 1940, Gaston Baty, rejetant toute illustration naturaliste et tout effet visuel, tente de retrouver la sobriété primitive de la tragédie et la rigueur d'un cérémonial sacré. Les acteurs, drapés dans de longs vêtements sombres, émergent de zones obscures sur un plateau violemment éclairé. La production bénéficiait d'une Phèdre majestueuse et intense, interprétée par Marguerite Jamois. Jean-Louis Barrault, en 1942, avec un même souci de sobriété visuelle, fondait sa mise en scène sur la simple présence physique de l'acteur, magnifiée par un traitement raffiné et symbolique des éclairages, des zones d'ombre (l'aveu de Phèdre, l'invocation à Vénus) contrastant avec des taches de lumière violentes rappelant la proximité du monde extérieur et la tentation de l'évasion (voir J.-L. Barrault, *Phèdre,* Le Seuil, coll. « Mise en scène », 1946). Il dirigeait une Phèdre inoubliable, la seule depuis Sarah Bernhardt à avoir fait l'unanimité, Marie Bell, beauté plantureuse ayant su se faire présence somnambulique, murmurant les vers sans paraître les comprendre, comme traversée et hantée par une incantation.

En 1957, le T.N.P. monte une *Phèdre* de Jean Vilar. Roland Barthes fut sévère pour cette production marquée par le retour des accessoires conventionnels (voiles, plissés, cothurnes...) et des « fausses postures, bras levés, regards farouches de la Tragédie ». Le naturalisme outré et le célèbre tremblement expressif de Maria Casarès (Phèdre) lui semblèrent tout aussi hors de propos, d'autant qu'ils faisaient un contraste stylistique malheureux avec la massivité impénétrable de Thésée (Alain Cuny). Jean Meyer présente à la Comédie-Française (1959) « une reconstitution (presque) archéologique d'une représentation versaillaise » : l'emphase décorative des décors et des costumes (perruques empanachées, épées de cour, robes chamarrées) offrait une vision intéressante de l'Antiquité telle que la rêvaient les contemporains de Louis XIV et de Racine, sans pour autant retrouver la pulsation profonde de l'œuvre, le dépouillement du jeu des acteurs confinant ici à l'asepsie.

Plus récemment, des metteurs en scène ont confirmé l'actualité et la permanence de *Phèdre,* présentant au public parisien diverses lectures de la pièce : Denis Llorca (1973), Antoine Bourseiller (de 1973 à 1980), Jean-Pierre Miquel (1974), Antoine Vitez surtout (1975), Jacques Rosner (1978), Jean Gillibert (1981).

Phèdre et la critique

La critique racinienne est l'une des plus abondantes qui soient. Les pièces de Racine, et *Phèdre* notamment, ont suscité de nombreuses polémiques littéraires, depuis la cabale de 1677 jusqu'à nos jours. Le choix de textes qui suit propose quelques pistes de réflexion sans prétendre rendre compte de toutes les problématiques.

La cabale

La querelle qui opposa Pradon à Racine donna lieu à une abondante littérature. Les textes suivants témoignent de l'atmosphère qui pouvait régner lors de la création de *Phèdre*.

Dans un fauteuil doré, Phèdre tremblante et blême
Dit des vers où d'abord personne n'entend rien.
Sa nourrice lui fait un sermon fort chrétien
Contre l'affreux dessein d'attenter sur soi-même.
Hippolyte la hait presque autant qu'elle l'aime :
Rien ne change son cœur, ni son chaste maintien.
La nourrice l'accuse ; elle s'en punit bien.
Thésée a pour son fils une rigueur extrême.
Une grosse Aricie, au teint rouge, aux crins blonds,
N'est là que pour montrer deux énormes tétons,
Que, malgré sa froideur, Hippolyte idolâtre.
Il meurt enfin, traîné par des coursiers ingrats ;
Et Phèdre, après avoir pris de la mort aux rats,
Vient, en se confessant, mourir sur le théâtre.

Mme Deshouillères, 1677.

Que peut contre tes vers une ignorance vaine ?
Le Parnasse français, ennobli par ta veine,
Contre tous ces complots saura te maintenir,

Et soulever pour toi l'équitable avenir.
Eh ! qui, voyant un jour la douleur vertueuse
De Phèdre malgré soi perfide, incestueuse,
D'un si noble travail justement étonné,
Ne bénira d'abord le siècle fortuné
Qui, rendu plus fameux par tes illustres veilles,
Vit naître sous ta main ces pompeuses merveilles ?

Boileau, *Épître VII*, 1677.

Racine, dans quelques-unes de ses préfaces, a fait sentir l'aiguillon à ses critiques ; mais il était bien pardonnable d'être un peu fâché contre ceux qui envoyaient leurs laquais battre des mains à la *Phèdre* de Pradon, et qui retenaient les loges à la *Phèdre* de Racine pour les laisser vides, et pour faire accroire qu'elle était tombée. C'étaient là de grands protecteurs des lettres : c'étaient le duc Zoïle, le comte Bavius et le marquis Mévius.

Voltaire, *les Honnêtetés littéraires*, 1767.

Phèdre et le Dieu chrétien

La Phèdre de Racine [...] n'est en effet qu'une épouse chrétienne. La crainte des flammes vengeresses et de l'éternité formidable de notre Enfer perce à travers le rôle de cette femme criminelle, et surtout dans la scène de la jalousie, qui, comme on le sait, est de l'invention du poète moderne. L'inceste n'était pas une chose si rare et si monstrueuse chez les Anciens, pour exciter de pareilles frayeurs dans le cœur du coupable.

Chateaubriand, *Génie du christianisme*, 2e partie, III, 3, 1802.

La faiblesse et l'entraînement de notre misérable nature n'ont jamais été mis plus à nu. Il y a déjà, si l'on ose dire, un commencement de vérité religieuse dans une vérité humaine si profondément révélée, si vivement arrachée de nos ténèbres mythologiques. La doctrine de la grâce se sent toute voisine de là ; notre volonté même et nos conseils sont à la merci

190

de Dieu ; nous sommes libres, nous le sentons, et nous croyons l'être, et pourtant il y a nombre de cas où nous sommes poussés : terrible mystère ! Phèdre, avec sa douleur vertueuse, pourrait être ajoutée dans le *Traité du libre arbitre* de Bossuet, comme preuve que souvent on agit contre son désir, qu'on désire contre sa volonté, qu'on veut malgré soi.
« Que dis-je ? Cet aveu que je te viens de faire,
Cet aveu si honteux, le crois-tu volontaire ? »

Sainte-Beuve, Port-Royal, vi, 1859.

Phèdre ne se défend pas ; elle connaît son opprobre ; l'étale aux pieds mêmes d'Hippolyte. L'excès de sa misère nous apparaît surtout lorsque, lui ayant décrit son triste corps qui a langui, séché dans les feux, dans les larmes, elle ne peut se retenir de crier à l'être qui est sa vie (rien de plus déchirant n'est jamais sorti d'une bouche humaine) :
« Il suffit de tes yeux pour t'en persuader,
Si tes yeux un moment pouvaient me regarder. »
[...] Phèdre ignore le Dieu qui nous aime d'un amour infini. Son cœur malade ne peut se tourner vers ce juge dont elle n'attend rien qu'un supplice nouveau propre à châtier son crime. Aucune goutte de sang n'a été versée pour cette âme. Elle est de ces misérables que les maîtres du petit Racine frustrent sereinement du bénéfice de la Rédemption. Ils avaient une pire croyance : ils ne doutaient pas que le Dieu tout-puissant ait voulu aveugler et perdre telles de ses créatures. Leur Divinité rejoignait le *fatum*.

François Mauriac, la Vie de Jean Racine, Plon, 1928.

La lamentation tragique devant le destin, héritée de l'Antiquité, et qui se revêtait chez Corneille et ses contemporains d'un langage stoïque, réapparaît chez Racine comme une lamentation véritable, mais transposée de l'ordre de la fatalité extérieure à celui de la fatalité passionnelle, et surchargée des angoisses du remords et du mépris de soi. Pour l'orgueil du moi, la passion coupable est un aveu radical de misère, et cet aveu, altérant jusqu'aux rapports de l'homme avec l'univers, peut atteindre l'intensité d'une angoisse métaphysique :

« Et moi, triste rebut de la nature entière,
Je me cachais au jour, je fuyais la lumière... »

Évidemment une culpabilité aussi écrasante ne peut s'attacher qu'à des instincts réputés monstrueux ; mais au fond tout instinct, dans la conception pessimiste de Racine et de Port-Royal, entre à quelque degré dans cette catégorie. Le caractère inquiétant attribué à l'instinct justifie une répression sévère qui entretient en retour l'horreur de l'homme pour son être.

Paul Bénichou, *Morales du Grand Siècle*, Gallimard, 1948.

Phèdre, entre Vénus et les Enfers

Seule, ici, la chair règne [...] En Phèdre, rien ne voile, n'adoucit, n'ennoblit, n'orne ni n'édifie l'accès de la rage du sexe. L'esprit, ses jeux, profonds, légers, subtils, ses échappées, ses lueurs, ses curiosités, ses finesses ne se mêlent point de distraire ou d'embellir cette passion, de l'espèce la plus simple. Phèdre n'a point de lecture. Hippolyte n'est peut-être qu'un niais. Qu'importe ? La Reine incandescente n'a besoin d'esprit que comme instrument de vengeance, inventeur de mensonge, esclave de l'instinct. Et quant à l'âme, elle se réduit à son pouvoir obsédant, à la volonté dure et fixe de saisir, d'induire à l'œuvre vive sa victime, de geindre et de mourir de plaisir avec elle.

Paul Valéry, *Variété IV*, « Sur Phèdre femme », Gallimard, 1944.

En elle s'éteint une race marquée par les égarements de l'amour et des sens, et elle, la dernière, est « la plus misérable ». Pasiphaé, Ariane, si peu que ce soit, ont été aimées. Pas elle. Elle n'est qu'une des nombreuses conquêtes amoureuses de Thésée, et il vient encore de la quitter pour courir l'aventure aux côtés de Pirithoüs. Elle est l'exclue, la dédaignée, la rejetée. Sa souffrance est sans jouissance, elle le dit. Le seul moment où Phèdre est heureuse est celui de sa déclaration, parce qu'elle rêve tout en gardant sa lucidité ; elle se voit rêvant. Elle accomplit un voyage initiatique, entraînant Hippolyte au Labyrinthe, et plutôt pour s'y perdre. Elle irradie, comme les mystérieuses figures d'Odilon Redon,

de Gustave Moreau. À ce moment, on peut se rappeler que
« Phèdre » signifie en grec « la brillante ». Elle est en plein
transport onirique. Ensuite, elle devient ou redevient le champ
de bataille des dieux, objet du contrat entre Vénus et les
Enfers. Son amour, on ne remarque pas assez qu'il s'est
déclaré en elle pour un enfant, pas même un adolescent.
Hippolyte peut avoir quatorze ans quand elle le voit pour la
première fois et « pâlit et rougit à sa vue ». Il représente le
petit dieu Éros.

Jean Gillibert, *Phèdre*, Hatier,
coll. « Théâtre et mise en scène », 1966.

Dire ou ne pas dire ? Telle est la question. C'est ici l'être
même de la parole qui est porté sur le théâtre : la plus
profonde des tragédies raciniennes est aussi la plus formelle ;
car l'enjeu tragique est ici beaucoup moins le sens de la parole
que son apparition, beaucoup moins l'amour de Phèdre que
son aveu. Ou plus exactement encore : la nomination du Mal
l'épuise tout entier, le Mal est une tautologie, Phèdre est une
tragédie nominaliste.

Dès le début, Phèdre se sait coupable, et ce n'est pas sa
culpabilité qui fait problème, c'est son silence : c'est là qu'est
sa liberté. [...]

Phèdre est son silence même : dénouer ce silence, c'est
mourir, mais aussi mourir ne peut être qu'avoir parlé. Avant
que la tragédie ne commence, Phèdre veut déjà mourir, mais
cette mort est suspendue : silencieuse, Phèdre n'arrive ni à
vivre ni à mourir : seule, la parole va dénouer cette mort
immobile, rendre au monde son mouvement.

Roland Barthes, *Sur Racine,* Le Seuil, 1963.

La violence du regard

Sans doute, la tradition de la rhétorique amoureuse veut que
la passion naisse d'un seul coup d'œil, et du premier coup
d'œil. Être amoureux, c'est être captif d'un regard. Et cette
rhétorique ne cesse pas d'avoir cours chez Racine. Mais
combien s'aggrave chez lui le sortilège du regard ! [...]

L'acte de voir possède toujours une violence sacrée ou
sacrilège. [...]

Tout le malheur de Phèdre date du jour où elle a vu
Hippolyte : ce premier regard, d'emblée, violait l'interdit de
l'inceste et de l'adultère :

« Athènes me montra mon superbe ennemi :
Je le vis, je rougis, je pâlis à sa vue ;
Un trouble s'éleva dans mon âme éperdue... »

Le regard de Phèdre s'obscurcit, la nuit se fait en elle :

« Mes yeux ne voyaient plus, je ne pouvais parler... »

Ainsi l'acte de voir, par sa violence même, produit la nuit.
La scène ici n'a plus besoin de se dérouler dans un décor
nocturne : la nuit naît à l'intérieur du personnage tragique.

Jean Starobinski, *l'Œil vivant,*
« Racine et la poétique du regard », Gallimard, 1968.

Phèdre, un poème ?

Je veux bien que *Phèdre* soit un chef-d'œuvre : en fait, je le
crois. Mais de quoi ? On nous dit depuis des siècles : d'une
harmonie de l'art, d'un ordre de l'esprit. En somme une œuvre
de même nature que l'architecture de Versailles et la peinture
de Poussin. N'oubliez pas que le mot le plus souvent employé
à propos de Racine est le mot perfection [...]

Or je crois que *Phèdre* est un grand poème baroque. Il me
fait bien moins penser à l'ordre de Poussin qu'à Monteverdi,
dont il partage les moments de déchirante noblesse qui
surgissent d'une sorte de confusion nocturne comme la mélopée
du Coran monte des caravanes endormies.

André Malraux, « Réponse à Henry de Montherlant »,
in *Cahiers Renaud-Barrault,* n° 10, 1955.

J'ai souvent pensé que les histoires racontées par Racine sont
des histoires que l'on trouve dans le courrier du cœur ; des
histoires qui inspirent généralement la goguenardise : les
amours des princes et des gens célèbres. Ce qui est intéressant,
ce n'est pas l'histoire, mais comment on dit l'histoire. C'est à
travers son expression, son poème, que Racine donne à *Phèdre*

le sens de la condition humaine ; mais en soi les histoires racontées par Racine sont des histoires que l'on trouve aujourd'hui dans le courrier du cœur alors que Victor Hugo, qui n'aimait pas Racine, et qui a pris le contre-pied de celui-ci, a voulu raconter des histoires extraordinaires. Victor Hugo raconte des histoires inouïes avec des coups de théâtre perpétuellement renouvelés et qui se succèdent ; chez Racine, leur nombre est très réduit.

Antoine Vitez, *Phèdre*, Hatier,
coll. « Théâtre et mise en scène », 1986.

Avant ou après la lecture

Dissertations

1. « Le théâtre est pour moi la projection sur scène du monde du dedans ; c'est dans mes rêves, dans mes angoisses, dans mes désirs obscurs, dans les contradictions intérieures, que, pour ma part, je me réserve le droit de prendre cette matière théâtrale. »
Eugène Ionesco, *l'Impromptu de l'Alma,* 1958.

Commenter cette opinion du dramaturge contemporain en prenant appui sur la lecture de *Phèdre* et de sa préface.

2. Montaigne a écrit : « La plus grande chose du monde est de pouvoir être à soi. » Commenter cette phrase en l'appliquant au personnage de Phèdre.

3. « L'étrangeté, le bizarre parviennent à nous dépasser de telle façon que les frontières ordinaires qui nous séparent du monde se trouvent anéanties. L'observation des curiosités naturelles, des scènes monstrueuses, par leur violence, leur paroxysme, acquièrent ainsi une immense importance que les romantiques avaient admirablement comprise. »
Pierre Mabille, *le Miroir du merveilleux,* 1962.

Pourrait-on, à partir de cette remarque, estimer que *Phèdre* est une pièce romantique ?

4. Dans *Antigone,* Jean Anouilh fait dire à l'un de ses personnages : « Et puis surtout, c'est reposant, la tragédie, parce qu'on sait qu'il n'y a plus d'espoir, le sale espoir ; qu'on est pris, qu'on est enfin pris comme un rat, avec tout le ciel sur son dos, et qu'on a plus qu'à crier — pas à gémir, non, pas à se plaindre —, à gueuler à pleine voix ce qu'on

avait à dire, qu'on n'avait jamais dit et qu'on ne savait peut-être même pas encore. Et pour rien : pour se le dire à soi, pour l'apprendre. »

Cette définition de la tragédie peut-elle s'appliquer au théâtre du XVIIe siècle, et en particulier à *Phèdre* ?

Commentaires composés

1. Faire un commentaire de l'aveu d'amour de Phèdre à Œnone (v. 269 à 316) : quelle est la situation de cette tirade dans l'œuvre et son impact dramatique ? Analyser la composition, la langue, les procédés stylistiques et leur signification symbolique.

2. Commenter la déclaration d'amour de Phèdre à Hippolyte des vers 634 à 662 en insistant sur les techniques de l'aveu indirect.

3. Les aveux d'amour d'Hippolyte à Aricie (v. 524 à 560) ne peuvent-ils pas être compris comme un écho de l'aveu de Phèdre à Hippolyte (v. 634 à 711) ? Justifiez votre réponse en faisant un commentaire comparé de ces deux passages.

4. Faire un commentaire linéaire du récit de Théramène (v. 1498 à 1570). Analyser la situation de l'extrait dans l'œuvre, son plan, son utilité dans la structure dramatique de la pièce. Faire une explication détaillée de la langue, du style et de la versification.

Thèmes de recherche

1. À l'aide d'exemples précis tirés du texte, mener une étude comparative du rôle des confidents dans *Phèdre*. Relever, notamment, le nombre d'apparitions, de vers prononcés par chacun, etc. Les confidents ont-ils le même poids dans le développement de l'action ?

2. La part des récits dans *Phèdre*. Après les avoir répertoriés, distinguer ceux qui font avancer l'action, ceux qui s'apparentent à des leitmotive, ceux qui se substituent à la représentation pour des raisons techniques ou de bienséance, etc.

3. Constituer un dossier sur le monde mythologique tel qu'il apparaît dans *Phèdre* (dieux, héros, lieux, événements, etc.).

4. Se documenter sur le jansénisme : comment *Phèdre* a-t-elle pu être considérée comme une « pièce janséniste » ?

5. Le coup de foudre : à partir d'exemples précis tirés de l'œuvre, dégager l'importance du regard dans la première rencontre (Phèdre-Hippolyte ; Aricie-Hippolyte). Comparer les moyens utilisés par Racine dans *Phèdre* pour faire partager ce moment avec ceux employés dans les textes proposés p. 153 à 158 : vocabulaire, rythme, images, etc.

6. Phénomènes naturels et surnaturels dans *Phèdre* et leur expression.

7. La reconstitution du « climat grec » dans *Phèdre*.

8. Après avoir lu *Phèdre,* analyser l'illustration de couverture de ce volume. Comparer notamment celle-ci avec les photographies et gravures des différentes comédiennes incarnant Phèdre ainsi qu'avec le burin de Paul Lemagny, p. 122 (attitude dans l'espace, gestes, etc.).

Bibliographie, discographie, filmographie

Édition

Racine, théâtre complet, annoté par J. Morel et A. Viala, Garnier, coll. « Classiques », 1980.

Ouvrages généraux

A. Adam, *Histoire de la littérature française au XVIIᵉ siècle,* tome IV, Del Duca, 1954.

P. Bénichou, *Morales du Grand Siècle,* Gallimard, 1948, rééd. en coll. « Folio ».

L. Goldmann, *le Dieu caché,* Gallimard, 1956, rééd. en coll. « Tel ».

J. Starobinski, *l'Œil vivant,* « Racine et la poétique du regard », Gallimard, 1968 (épuisé).

V. L. Tapié, *Baroque et classicisme,* livre II, chap. IV « Classicisme et baroque français », Plon, 1957.

J. Truchet, *la Tragédie classique en France,* 1975, 2ᵉ éd. P.U.F., 1989.

Racine

R. Barthes, *Sur Racine,* Club français du livre 1960, Le Seuil, 1963, rééd. en coll. « Points ».

A. Bonzon, *la Nouvelle Critique et Racine,* Nizet, 1970.

R. Jasinski, *Vers le vrai Racine,* Nizet, 1958.

F. Mauriac, *la Vie de Jean Racine,* Plon, 1928. Biographie.

A. Niderst, *Racine et la tragédie classique,* P.U.F., coll. « Que sais-je ? », 1978. Excellente initiation au théâtre racinien.

R. Picard, *la Carrière de Jean Racine,* Gallimard, 1956. Étude biographique savante, revue et complétée en 1961.

J.-J. Roubine, *Lectures de Racine,* Armand Colin, coll. « U2 », 1971. Précieux panorama des études raciniennes du XVIIe siècle à 1970.

A. Viala, *Racine ou la stratégie du caméléon,* Seghers, 1990.

Phèdre

C. Dédéyan, *Racine et sa Phèdre,* S.E.D.E.S., 1978 (2e éd.).

T. Maulnier, *Lecture de Phèdre,* Gallimard, 1963.

C. Mauron, *Phèdre,* José Corti, 1968. Du fait que cet ouvrage est fondé sur les méthodes psychocritiques, sa lecture nécessite une bonne connaissance de la terminologie freudienne.

Discographie

Phèdre, acte II scène 5, par Sarah Bernhardt, dans *Stars et monstres sacrés,* coll. « Documents », disque compact, coproduction Adès-Musée d'Orsay, 1987.

Hippolyte et Aricie, opéra de Rameau, sur un livret de l'abbé Pellegrin (1733), sous la direction de J.-C. Malgloire (CBS).

Filmographie

Phaedra, réalisé par Jules Dassin, avec Mélina Mercouri, Anthony Perkins, Raf Vallone, 1962. Libre adaptation dans la Grèce des années 1960.

Phèdre, réalisé par Pierre Jourdan, avec Marie Bell, Claude Giraud, Jacques Dacqmine, 1968. La pièce de Racine, filmée en studio.

Petit dictionnaire
pour commenter *Phèdre*

académique *(adj.)* : désigne un mode d'expression traditionnel et figé.

accumulation *(n. f.)* : assemblage de mots en grand nombre, afin de mettre une idée en valeur. Ex. : v. 638-639.

action *(n. f.)* : ensemble des événements et de leur progression, mouvement de l'intrigue.

allégorie *(n. f.)* : représentation d'une idée abstraite par un personnage ou une scène concrète. Ex. : v. 469.

alliance de mots : rapprochement de deux termes contradictoires, dont le regroupement donne un sens ; paradoxe. Ex. : v. 126.

allitération *(n. f.)* : répétition des mêmes lettres ou des mêmes syllabes, dans des mots qui se suivent, pour produire un effet de rime ou d'harmonie. Ex. : v. 254.

allusion *(n. f.)* : manière de s'exprimer sur une idée, une personne, une chose, etc., sans la nommer explicitement, mais par simple évocation. Ex. : v. 122.

amplification *(n. f.)* : développement d'une idée ou d'un sujet par des procédés stylistiques. Ex. : v. 470.

analogie *(n. f.)* : rapport entre des idées, des choses ou des personnes qui présentent des caractères communs tout en étant essentiellement différentes ; ressemblance, similitude.

anaphore *(n. f.)* : reprise d'un même mot (ou groupe de mots) en tête de phrase (ou de vers) pour créer un effet de rythme et de symétrie. Ex. : v. 163 et 165.

antinomie *(n. f.)* : contradiction entre deux idées ou deux concepts.

antiphrase *(n. f.)* : emploi d'un mot ou d'une expression dans un sens contraire au sens véritable, souvent par ironie ou par crainte. Ex. : v. 634.

antithèse *(n. f.)* : dans une même phrase, opposition de deux mots ou groupes de mots de sens contraire afin de mettre une idée en relief grâce à l'effet de contraste. Ex. : v. 276.

antonomase *(n. f.)* : substitution d'un nom commun à un nom propre, ou inversement, pour désigner un individu. Ex. : v. 21.

apologie *(n. f.)* : défense d'une personne ou d'une chose injustement attaquée ; écrit ou discours de louange. Ex. : v. 1427 à 1433.

apostrophe *(n. f.)* : interpellation directe d'une personne, ou d'une abstraction personnifiée. Ex. : v. 1285 à 1290.

assonance *(n. f.)* : répétition d'un même son dans une phrase. Ex. : v. 1543.

asyndète *(n. f.)* : suppression du terme de liaison entre des mots ou des propositions qui se trouvent pourtant dans un rapport de coordination. On l'utilise pour souligner une relation logique, produire un effet de contraste, d'accumulation, de désordre, etc. Ex. : v. 273.

baroque *(adj.)* : se dit de la littérature française sous Henri IV et Louis XIII, caractérisée (à la différence du classicisme) par une grande liberté d'expression, la primauté donnée au mouvement et à la diversité sur la stabilité et l'unité.

bienséance *(n. f.)* : désigne ce qui est correct ou convenable en société ; la **règle des bienséances** du théâtre classique interdisait de mettre en scène tout acte violent, vulgaire ou choquant.

cabale *(n. f.)* : 1. complots et intrigues de gens qui visent un même but. 2. ensemble de ceux qui intriguent.

césure *(n. f.)* : pause, coupure rythmique à l'intérieur d'un vers.

chiasme *(n. m.)* : dans deux expressions mises en parallèle, reprise, dans la seconde expression, des termes de la première mais dans l'ordre inverse (« chiasme » signifie étymologiquement « croisement »). Ex. : v. 124.

classicisme *(n. m.)* : époque de la littérature française comprise (au sens strict) entre 1660 et 1680, mais qui peut être prolongée jusqu'à la fin du XVIIe siècle. Le classicisme se caractérise par la recherche de la clarté et de l'universalité, la discipline de l'imagination et de la sensibilité par la raison, la libre soumission enfin aux règles qui régissent les différents genres.

cliché *(n. m.)* : idée, image, expression devenues caricaturales parce que trop souvent répétées.

comparaison *(n. f.)* : rapport établi entre deux mots ou groupes de mots grâce à un troisième terme (« comme », « ainsi que », « à l'encontre de », etc.) dans l'intention de souligner une idée. Ex. : v. 639-640.

composition *(n. f.)* : construction, ordonnance équilibrée des différentes parties d'une œuvre littéraire ou artistique.

connotation *(n. f.)* : signification seconde venant s'ajouter à la dénotation, c'est-à-dire au sens premier du mot. Par ex., « coursier » a une connotation poétique par rapport à « cheval », qui est neutre.

corrélation *(n. f.)* : liaison, association entre deux termes ou deux notions. Ex. : v. 1270.

dénotation *(n. f.)* : sens premier, éléments permanents du sens d'un mot, quel que soit le contexte dans lequel il est utilisé.

dénouement *(n. m.)* : partie finale d'une pièce qui en résout l'intrigue.

diatribe *(n. f.)* : critique violente, acerbe. Ex. : v. 207 à 212.

diérèse *(n. f.)* : prononciation en deux syllabes de deux phonèmes généralement prononcés en une. Les diérèses sont courantes dans les vers pour obtenir le nombre de syllabes voulu. Ex. v. 253 : « Ari-ane... ».

diptyque *(n. m.)* : ensemble composé de deux parties mises en valeur par leur contraste.

distique *(n. m.)* : ensemble de deux vers à rimes plates, qui forment un sens complet. Ex. : v. 1143-1144.

dramatique *(adj.)* : qui fait progresser l'action (« drame » signifie étymologiquement « action »).

drame *(n. m.)* : 1. genre théâtral, toute pièce de théâtre. 2. pièce de théâtre d'un ton moins élevé que la tragédie, développant une action grave, douloureuse ou violente.

économie *(n. f.)* : au sens littéraire, structure, organisation des différentes parties du texte.

ellipse *(n. f.)* : suppression d'un ou plusieurs mots qui ne sont pas indispensables à la compréhension. Ex. : v. 114-115.

emblème *(n. m.)* : être ou objet symbolique représentant une chose abstraite, une idée ou une qualité. Ex. v. 1273 : « l'urne fatale ».

emphase *(n. f.)* : emploi d'un terme de sens très fort pour exagérer l'expression d'une idée.

épisode *(n. m.)* : partie d'une œuvre dramatique ou narrative qui, tout en s'intégrant dans un ensemble, a ses caractéristiques propres.

épopée *(n. f.)* : poème ou long récit en prose qui raconte les exploits d'un héros.

euphémisme *(n. m.)* : atténuation dans l'expression de certaines idées ou de certains faits qui risqueraient de choquer s'ils étaient énoncés de manière réaliste. La périphrase, la litote, l'allusion, l'antiphrase, etc., peuvent être utilisées à des fins euphémiques. Ex. : v. 465.

euphonie *(n. f.)* : succession harmonieuse de sons. Ex. : v. 36.

galanterie *(n. f.)* : attitude esthétique de l'époque de Louis XIV privilégiant le raffinement des manières.

hyperbole *(n. f.)* : mise en relief d'une idée par l'emploi de mots qui faussent la pensée en l'exagérant. Ex. : v. 82.

incidente *(n. f. ou adj. f.)* : proposition qui rompt le cours d'une phrase pour exprimer une idée secondaire. Ex. : v. 1253.

intrigue *(n. f.)* : succession de faits et d'actions qui forment la trame d'une œuvre.

juxtaposition *(n. f.)* : liaison de plusieurs termes ou propositions sans conjonction de coordination ou de subordination. Ex. : v. 273.

leitmotiv *(n. m.)* : formule ou idée qui revient sans cesse dans une œuvre.

litote *(n. f.)* : expression affaiblie de la pensée, dans l'intention de laisser entendre plus qu'on ne dit. Ex. : v. 575-576.

métaphore *(n. f.)* : utilisation d'un terme concret pour exprimer une notion abstraite, dans l'intention de créer une comparaison imagée, sans employer de mot comparatif (« ainsi que », « comme », etc.). Ex. : v. 60.

métonymie *(n. f.)* : désignation d'un concept par un terme qui en désigne habituellement un autre et qui lui est lié par une nécessité logique : la cause pour l'effet, le contenant pour le contenu, le physique pour le moral, etc. Ex. : v. 6.

nœud *(n. m.)* : moment où l'intrigue atteint sa complexité maximale.

oxymoron *(n. m.)* : voir « alliance de mots ».

parallèle *(n. m.)* : procédé de comparaison par lequel on fait ressortir les ressemblances ou les différences entre deux personnes ou deux choses. Ex. : v. 1236 à 1250.

parataxe *(n. f.)* : voir « juxtaposition ».

périphrase *(n. f.)* : expression formée de tout un groupe de mots, employée pour exprimer une idée qui pourrait l'être par un seul terme. Ex. : v. 36.

prétérition *(n. f.)* : procédé de style par lequel on déclare passer sous silence une chose dont on parle néanmoins par ce moyen indirect. Ex. : v. 317.

prosopopée *(n. f.)* : figure de rhétorique qui consiste à prêter sentiments, paroles ou actions à des personnes absentes ou mortes, à des animaux, à des abstractions, à des objets inanimés. Ex. : v. 748.

récurrent *(adj.)* : qui revient, se répète périodiquement, se reproduit. Par exemple, le thème de la lumière est récurrent dans *Phèdre*.

symbole *(n. m.)* : substitution au nom d'une chose du nom d'un signe que l'usage a consacré pour la désigner. Ex. : v. 109.

synecdoque *(n. f.)* : désignation d'une chose par une autre avec laquelle elle forme un tout : la partie pour le tout, le tout pour la partie, l'espèce pour le genre, etc. Ex. : v. 11.

zeugma *(n. m.)* : figure de style qui consiste à n'exprimer qu'une fois un mot associé à plusieurs termes qui lui donnent une valeur différente. Ainsi au vers 108, le verbe « ensevelir » est employé à la fois au sens propre et au sens figuré.

Dans la nouvelle collection
Classiques Larousse

H. C. Andersen : *la Petite Sirène, et autres contes.*

H. de Balzac : *les Chouans.*

F. R. de Chateaubriand : *René.*

P. Corneille : *le Cid ; Cinna ; Horace ; Polyeucte.*

G. Flaubert : *Hérodias ; Un cœur simple* (à paraître).

Victor Hugo : *Hernani.*

J. et W. Grimm : *Hansel et Gretel, et autres contes.*

E. Labiche : *la Cagnotte.*

La Fontaine : *Fables* (livres I à VI).

P. de Marivaux : *la Double inconstance ;
l'Ile des esclaves ; le Jeu de l'amour et du hasard.*

G. de Maupassant : *la Peur, et autres contes fantastiques ;
Un réveillon, contes et nouvelles de Normandie.*

P. Mérimée : *Carmen ; Colomba ; la Vénus d'Ille.*

Molière : *Amphitryon ; l'Avare ; le Bourgeois gentilhomme ; Dom Juan ; l'École des femmes ; les Femmes
savantes ; les Fourberies de Scapin ; George Dandin ; le
Malade imaginaire ; le Médecin malgré lui ; le
Misanthrope ; les Précieuses ridicules ; le Tartuffe.*

Ch. L. de Montesquieu : *Lettres persanes.*

A. de Musset : *Lorenzaccio.*

Les Orateurs de la Révolution française.

Ch. Perrault : *Contes et histoires du temps passé.*

J. Racine : *Andromaque ; Bérénice ; Britannicus ; Iphigénie.*

E. Rostand : *Cyrano de Bergerac.*

Le Surréalisme et ses alentours (à paraître).

Voltaire : *Candide ; Zadig* (à paraître).

(Extrait du catalogue)

Conception éditoriale : Noëlle Degoud.
Conception graphique : François Weil.
Coordination éditoriale : Emmanuelle Fillion
et Marie-Jeanne Miniscloux.
Coordination de fabrication : Marlène Delbeken.
Documentation iconographique : Nicole Laguigné.
Schéma p. 12 : Thierry Chauchat et Jean-Marc Pau.
Schéma p. 22 et 23 : Thierry Chauchat.
Carte p. 16 : Jean-François Poisson

Sources des illustrations
Agence de presse Bernand : p. 80, 99, 143.
Brigitte Enguérand : p. 58.
Bulloz : p. 5, 8 (B.N.), 29, 30, 145, 148.
Édimedia : p. 40, 50, 107, 122, 126.
Enguérand : p. 62.
Hachette : p. 10 (B.N.).
Jean-Loup Charmet : p. 37, 64.
Juliette Sidier-Enguérand : p. 89.
Larousse : p. 4, 7.
Musée de la Poste : p. 20

COMPOSITION SCP BORDEAUX.
IMPRIMERIE HÉRISSEY - 27000 ÉVREUX. — N° 55463.
Dépôt légal : Mai 1990. N° de série Éditeur : 16211.
IMPRIMÉ EN FRANCE *(Printe in France)*. 871 408 J-Octobre 1991.